好想法 相信知識的力量

the power of knowledge

寶鼎出版

好想法　相信知識的力量

the power of knowledge

寶鼎出版

超譯《君主論》領導學

最強のリーダー育成書　君主論

鈴木博毅◎著　劉愛夌◎譯

目錄

第一章

吝嗇也好，冷酷也罷，掌握一切最重要

第二章　追求權力，熱愛權力

第三章

以學惡來行正義

第四章
培養高自尊的鋼鐵精神

第五章 正確掌握命運，巧妙操控人心

前言

一本在艱難時代賦予領袖力量的書

我們面臨的，是一個非常艱難的時代。

從高度成長期到泡沫經濟破滅，現代人看不見未來，成日活得提心吊膽。

社會充滿了混亂與不安，我們早已無法樂觀看待。

十五世紀的義大利，也陷入了同樣的困境。

當時義大利被群雄割據，人民無不引頸期盼能有一位明君出現。

唯有設法守住自己的地位，才能在艱苦的時代生存下去。

《君主論》是一本什麼樣的作品呢？

它是尼可洛．馬基維利（Niccolò Machiavelli）為君主所寫的書。
於十六世紀，也就是距今五百年前問市。
馬基維利是生於翡冷翠共和國的外交政治家。
他深愛翡冷翠這塊土地。
坐上第二書記局長的大位後，他以政府高官的身分研究義大利與他國的戰爭，分析錯綜複雜的權力鬥爭，並鑽研統治國家的理論。
馬基維利在《君主論》中呼籲，希望義大利趕快出現能帶領祖國完成統一大業的明君。

《君主論》是引導領袖度過亂世的明燈。
為了成為叱吒風雲的領導者，為了如願掌控自己的地位與人生，為了統治全世界的男女老少。
過去五百年來，那些不願為命運所捉弄的人，無一不將《君主論》奉為聖經。

現代社會一切憑實力說話。

無分年齡尊卑，只要擁有率領群眾的實力，都可成為領袖。

目前日本企業全面追求國際化，公司裡愈來愈多外國人。

「虛有其表」已不足以應付這個時代，如今講求的是「真材實料」的領導能力。

身為一名現代領袖，必須擁有貫通古今、融會中西的領導知識。

因此，我們必須設法跨越時代與國境，洞悉操縱人心的原理與原則。

《君主論》是一本相當冷酷的作品。

其中心思想為「為達目的不擇手段」，也就是後人口中的「馬基維利主義」。

該書的目的並非教人「生存法則」，而是教人看清「生存現狀」。

書中主張為人君主應不擇手段。

一方面要兇殘暴戾、毫不手軟，一方面要小施恩惠，使人民永記於心。

但仔細讀完《君主論》你會發現，這本書其實擁有不同於「冷酷」的另一面。

書中充滿了馬基維利的正義與理想。

他期盼能有一位英雄降臨，以君主之姿拯救祖國義大利。

身處亂世，唯有「鐵血無情」才能如願以償。

而《君主論》正是明君用以拯救亂世、奮戰到底的武器。

不願向命運低頭？想主導自己的人生？看《君主論》準沒錯

「可是我又不是領袖，《君主論》跟我有什麼關係？」——相信看到這裡，一定有讀者心中出現了這樣的疑問吧。

馬基維利在《君主論》闡述了君主的統御之術。君主運用「心理操縱術」讓人民感到需要君主，讓臣民甘心服從跟隨，以確保自身地位。

即便你不是上司，也可利用這套理論來理解上司的心理。

《君主論》不僅是寫給上司看的書。要在社會上出人頭地，一定要跟隨有出息的人。上司的榮辱，與下屬的死活息息相關。

而上司是否擁有免於被社會淘汰的能力，只能靠我們自己判斷。
此外，《君主論》中還提到了「命運女神」。
自古至今，人類都逃不過命運女神的捉弄。
在那個義大利充斥著權謀與利益糾葛的年代，馬基維利不得不和命運奮鬥。
賭上自己的人生，歸納出一套和命運女神的「相處之道」。

要如何取捨做法，才能成為最後的贏家？
為了守護珍貴的東西，人類該如何增強自己的實力？
在這艱難而充滿不安的時代，我們該如何不屈不撓地活下去？要如何管理人際關係、看透人心，讓自己從中得「力」呢？
答案就在從悠久歷史、偉人盛衰中統整出亂世求生精髓的《君主論》裡。
過去五百年來，《君主論》不斷賦予各代領袖力量與統治能力。
世界各地讀《君主論》的人，都是不願意向命運低頭的戰士。
相信其中的奧妙，一定能拯救現今的你。

鈴木博毅

序章

想守護重要的東西嗎？
就當「君主」吧

人人都應以「君主」為目標

你有想守護的東西嗎？

對還沒結婚的人而言，也許是男女朋友，又或是生活的點點滴滴。

對有家庭的人而言，也許是親愛的家人。

對單身的人而言，也許是自由自在的生活。

我們也可以用時間軸來分類想守護的東西。

過去的寶貴回憶、現在的充實生活、未來的夢想與目標。

這些都是人生中彌足珍貴的寶物。

《君主論》文筆理性，分析透徹，是為領袖而寫的書。

這本書跟我們要守護的東西有什麼關係呢？

關鍵在於作者馬基維利投注在作品當中的強烈理念。

當時的義大利在列強的侵略下四分五裂。
時任翡冷翠共和國第二書記的馬基維利，為此感到相當痛心。
他想要守護祖國義大利。
即便賭上一生，也要實現這個願望。
所以《君主論》中，滿滿都是他勢在必得的精神與理念。

如同你我所見，野蠻的外敵在義大利行兇作惡。義大利祈禱上帝能派遣一位人物拯救人民於水深火熱之中。（中略）義大利已做好追隨的準備，只待有人舉起旗幟。（第二十六章）

我再問一次。
你有想守護的東西嗎？
你有由衷珍惜的人、事、物嗎？

你有誓死捍衛的對象嗎？

說沒有的人，也許只是還沒發現罷了。

還沒發現當心愛的東西被奪走時，是何等的痛徹心扉。

《君主論》適用於所有領袖，以及為了想要保護某些東西而起身奮戰的人。

馬基維利將自己畢生學來的「捍衛『珍愛』的方法」全寫在書中。

一言以蔽之，就是成為「君主」。

人生三大寶物

馬基維利在《君主論》中闡述了人生三大寶物——

○你自身以及你愛的人
○用以實現目標的集團——國家（亦可替換成組織、團隊、家人等）
○實現遠大目標的機會

無論各位的目標是什麼，出發點都是你自己。
你的健康、生活，是人生中最具守護價值的東西。
當然，還有你最珍愛的人。
失去珍愛，人生將變得空虛無比。
大多數的夢想得靠「聚眾」才能夠實現，所以，每個人都有專門用來實現目標的集團。

有些人是公司，有些人是家庭、男女朋友，又或是朋友圈。在《君主論》中，馬基維利將實現目標的集團設定為「國家」。只是對現代人而言，「國家」已不是那麼適用。建議大家可以把「國家」替換成你身邊的集團。

一個君主必須達成目標，才能夠安邦定國，矯正國風。同樣的道理也可以用在治理公司、守護家庭，以及維持與另一半的關係。唯有奮力守護，我們才有機會如願以償，進而實現遠大的目標。

前面我多次使用「守護」二字，並非被動的「防守」之意。這裡的「守護」是指積極進攻，代表你有「不容失去的東西」。因此，這兩個字具有舉足輕重的力量。

想要守護人生三大寶物，最重要的就是「學習」、「思考」，以及「行動」。

剝奪「珍愛」的三大敵人

那麼，這個世界上，誰會剝奪我們的珍愛呢？

馬基維利在《君主論》中，也描繪了敵人的特徵。

簡單來說，我們有三大敵人——

○剝奪自由與權利的人

○手下的集團（組織、團隊、家族）成員

○做出錯誤選擇的自己

很遺憾的，我們想要的東西，對別人大多也具有同樣的吸引力。

沒有人有義務禮讓於你。

而想要從你身上剝奪任何東西的人，理所當然就是你的敵人。

第二個敵人，是你統治的集團成員。

你原本是否認為，這些人一定是你的夥伴呢？

正確來說，他們只有在被「適當統治」時，才會跟你站在同一邊。

一旦出了什麼紕漏，這些人就會搖身一變，成為你的敵手。

企業裡常能看到副座造反逼退首領的戲碼。

運動場上，原本應該齊心抗敵的隊友，有時卻成了扯後腿的人。

即便是一家人，也有可能因為意見分歧，害得你心力交瘁。

原本相愛的兩個人，大吵後卻成為讓對方傷心的劊子手。

若無法有效統治夥伴，他們就會成為棘手的敵人。

最後的敵人，是做錯選擇的自己。

看到這個項目，一定有人大吃一驚吧？

什麼樣的情況下，自己才會成為自己的敵人？

有時我們一心認為是對的選擇，最後卻造成不好的結果。

而其中最忌諱的當屬「飛蛾撲火」。

明明有前車之鑑，明明有可避免失敗的方法，卻不懂得從中汲取教訓，而導致自取滅亡。

馬基維利在《君主論》裡，低調譴責了這樣的人。

做錯選擇只會讓自己陷入悲劇之中。

說來殘酷，人經常自食其果。

無知會讓你淪為自己最大的敵人，導致幸福與地位毀於一旦。所以馬基維利才會寫這本書，引領「你」成為優秀的君主。

成為克服大風大浪的「君主」

「君主」二字對現代人而言，也許相當陌生。

然而，看過上述解說後，你是否也覺得「君主」其實與我們的生活息息相關呢？

馬基維利身為翡冷翠共和國的第二書記官，一生中見識過無數的戰爭與外交攻防折衝。

他之所以融合畢生所見所學寫成《君主論》，就是為了告訴我們這個道理——

唯有成為君主，才能擁有守護珍愛的力量。

唯有成為君主，才能得心應手地支配下屬、操縱組織。

在馬基維利的那個時代，強權如法國、西班牙，不斷入侵義大利。

義大利因此四分五裂，教宗等勢力為了爭權奪勢而費盡心機。

他萃取自己一生中的精華，歸納出成為君主以克服大風大浪的方法，這才有了《君主論》的誕生。

如果你有珍愛的對象。

並且有誓死堅守的覺悟。

請務必先學習《君主論》中的真理。

第一章

吝嗇也好，冷酷也罷，掌握一切最重要

第一章將介紹成為領袖的基礎條件，解說馬基維利所主張的基礎方針，教各位如何看穿人虛偽的外衣，看透人的本質，進而成為實力堅強的領袖。

重點 1

別只顧「美德」，不顧「結果」

大方不能當飯吃

《君主論》中不談表面功夫，也不談理想形象。
這個世界上，很多人都是不切實際的理想論者。
這些人自己不願面對現實，卻對世間高談闊論。
馬基維利認為這些人的話不可輕信。

那些只論人應該如何生活，而不看人實際如何生活的人，就連自立謀生都做不到，最終只有自我毀滅一途。（第十五章）

比起「小氣」，一般人更希望別人覺得自己是個「大方」的人。

但，這樣真的好嗎？

馬基維利對一般人所追求的「大方」形象感到不以為然。

他的理由是，大方最後只會敗壞一個人的名聲。

想要維持大方形象只有一個方法，那就是花錢。

一天到晚作東請客，然後錢包愈來愈扁。

沒錢又想裝闊，只能設法籌錢。

這樣的情況只會有兩種結果，一是不斷打腫臉充胖子，二是造成別人的麻煩。

手上沒有錢，碰到危機就無法即時對應，導致一點小事就能把你逼入絕境。

如果這時你才注意到大方的風險，開始省吃儉用。

那麼以前吃你、喝你、用你的那些人，會怎麼想呢？

相信我，他們的態度一定會出現一百八十度的大轉變，暗地裡批評你是個視財如命的守財奴。

為了給人留下好印象，花了這麼多錢，最後卻適得其反。

這教人如何忍受？

要小氣，就小氣到底

馬基維利認為「君主」應該極其吝嗇。

試想，若君主一味把大把鈔票花在少數人身上，會發生什麼事呢？

在沒錢又想裝闊的情況下，只能對國民課以重稅。

如此一來，不但會使國家一貧如洗，還會招致全體國民的怨恨。

馬基維利說，歷史上那些立下偉大功績的君主，全都是小氣鬼。

做大事需要錢，而大方是存不了錢的。

正因為他們節儉，才能夠在不造成國民負擔的情況下成就偉業。

君主不應介意別人說他吝嗇，因為吝嗇是為了不強奪老百姓的物資，為了保護自己，為了不因陷於窮困而為人所輕蔑。（中略）唯有行此惡德，才能保住自己統治者的地位。（第十六章）

揮霍無度的君主，每每做大事時，都會因為課稅問題招致國民的怨恨。相反的，小氣的君主卻能在國民的愛戴下完成豐功偉業。

大方的人和小氣的人，最大的差別在於花錢的時機。

前者是平常花錢如流水，後者是在重要時刻才肯花大錢。

生活中其實也充滿了這種「逆轉勝」的例子。

比方說，平常一毛不拔的人，在紀念日送另一半驚喜大禮，這會讓對方刻骨銘心。

而平常奢侈浪費的人，若突然轉性開始省吃儉用，卻只會遭人批評。

為什麼呢？因為人很單純，他們會將你過去的態度視做理所當然。

基於這個原因，我們無須在意他人的指指點點，要小氣就小氣到底。

唯有這麼做，才能將錢花在刀口上，不愁沒錢應急。

殺伐決斷，毫不留情

馬基維利在《君主論》中提到，與其當一個熱情親切的人，倒不如當一個刻薄寡恩的人。

對現代人而言，這個論點實在有些教人驚詫。

為什麼他會這麼說呢？

因為沒有謀略的仁慈，既損人又不利己。

過剩的溫情只會讓人在緊要關頭猶豫不決、優柔寡斷。

雖說溫情是生活不可或缺的潤滑劑。

但馬基維利認為「不可濫用仁慈」。

在必要時，冷酷就是你的武器。

○平時冷酷，偶爾釋出溫情，才能令人印象深刻
○因冷酷而成事，反而能提升周遭人們對自己的評價
○過分重視人情，會使人眼界狹隘，在關鍵時刻猶豫不決

常有人因為個性太好（優柔寡斷）而把事情搞到無法收拾。這種人，其實和燒殺擄掠的暴君沒有兩樣。

無法在小事上狠心，反而會壞了大事。為了穩住大局，君主必須小示懲戒、殺雞儆猴。就結局而言，慈悲心腸的君主反而更令人同情。

馬基維利主張刻薄寡恩，還有一個原因。

那就是人在被逼到走投無路時，什麼事情都做得出來。針對這一點，馬基維利指出了殘酷的事實——

大多數人在緊要時刻，都不會攻擊盛氣凌人的對象，而是拿深愛自己的人、個性溫吞的人開刀。

為什麼呢？因為這些人即便受到傷害，也不會反擊。

人一旦牽扯到利益，就會將過往的仁義恩情忘得一乾二淨。然而，若面對的是令人畏懼的君主，為了保住項上人頭，就不得不有所顧忌。

（第十七章）

身為一個商務人士，要如何讓人感受到你的「殺伐決斷」呢？

答案就是「斥責」與「降級處分」。

嚴厲指責、以牙還牙也是一種方法。

溫柔體貼、熱心助人只有在情勢穩定時才有意義。

遇到大問題時，一味放軟身段對事情並無助益。

在緊急時刻，只靠仁慈是成不了事的。

相對的，當公司要裁員時，還會第一個拿這些仁慈的人開刀。

因為即便被惡意解雇，他們也不會反擊報復。
唯有適時狠心，才能夠保護自己、解決問題。

背信棄義，也要做出成果

現今商界相當看重「守信」。
然而馬基維利對此卻有完全不同的看法。

> 我們這個時代的經驗告訴我，那些食言而肥、詭計多端、把別人耍得團團轉的君主，反而得以成就豐功偉業（戰爭）。（第十八章）

與其被「守信」的美德所束縛，我們更應設法看清對方的真面目。事先做好萬全準備，即便對方蓄意欺騙你，你也有辦法掌握情況、隨機應變。

馬基維利認為，大多數人處事只看結果，不看過程。

世人對君主少有直接接觸，大眾只看表面，而世間又多為大眾。

君主只要能在戰爭中取得勝利，安邦定國，無論採取何種手段都是光榮且為人所讚揚的。因為大眾通常只看表面，依成敗論是非。（第十八章）

簡單來說，我們必須依照情況做出最正確的決斷，而非一味篤守信義。

與其因守信而失敗，倒不如因背信而成功。

「篤守信義」是半調子的美德。

君主的美德是以最終成果為基準。

既然不得已背信，就該竭盡全力做出成績。

無論對方多麼滑頭、狀況如何多變，都必須做出最基本的成果。

要成為領袖，你需要的是多方面分析事物、解決問題的能力。

無法貫徹始終？那一開始就不要做！

看完上述「吝嗇」、「冷酷」的好處，你是不是也感到很震驚呢？
但其實，從別的角度來看，這些卻是人類最真實的一面。

綜觀馬基維利的論點，我們可以整理出一個原則。
那就是「不做無法貫徹始終的事」。

大方、仁慈、守信都是美德，然而，太過頭卻反而會招致他人怨恨。
既然無法持續到永遠，倒不如一開始就不要做。
一旦中途放棄，還有可能被人責怪「你為什麼那麼善變」。
盲目跟從流於表面的美德，只會使人喪失主導權，讓對方有操縱你的藉口。

常聽人說，不要亂答應做不到的事情。

在從事工作又或是執行企劃案前，我們都必須做好心理準備。

一旦發現難以完成，又或是繼續做下去有弊無利時，就應該立刻收手，快刀斬亂麻。

身為一個君主，在面對難以貫徹的美德時更應謹慎。

那些可能讓你受他人擺布的美德，請不要猶豫，立刻割捨就對了！

馬基維利運用敏銳的觀察力洞悉古今，將他的所見所聞全寫進了《君主論》。

人生偶爾就會遇見大風大浪，被迫面臨緊急事態。

連自己都守護不了的人，要如何守護別人？

受他人控制的人生，又怎能活出精彩？

若無法應付變化，何以守住現今的地位？

基於這些原因，馬基維利才會提出有違常識的理論。

「流於表面的美德」是將我們拉下君主寶座的陷阱。

記住，眼見不一定為憑。
唯有面對現實，才能看清世界真實的樣貌。
唯有褪去敵手虛偽的外衣，君主才能百戰百勝。
別像個孩子一樣怨天尤人，怪東怪西，抱怨世界充滿了不公義。
別忘了，過去那些名留青史的君主，也和你一樣身處不公義的世界。

重點 2

增強你的「統率能力」

君主的使命是讓集團健全發展、永續生存

為什麼我們需要領袖（君主）呢？

我想舉自然界動物的例子來解釋這一點。

大家都知道，猴山裡一定會有猴王。

野生的馬群也有馬王。

獅群則是靠領頭的雄獅保護家族免於外敵侵略。

近來有研究指出，就連海中的魚群，也有率眾前游的首領。
自然界之所以需要首領，有以下四個原因——

○維持群體秩序
○帶領群體進行求生行為
○發揮行動力，挑戰新的可能性，尋找新的食物來源
○保護重要的東西免於外敵侵略

動物首領具有上述四大功能。
符合這四個條件的動物，自然而然就會被推崇為首領。
在首領的領導下，一個群體才能健全發展、永續生存。
同樣的道理也可以套用在人類身上。
擁有漂亮的頭銜、擁有大量的錢財，不代表就是個稱職的領袖。
關鍵在於能否發揮領導作用。

《君主論》中提到，領袖具有兩大功能——

一是在鬥爭中戰勝他國。

二是帶領國家健全發展、永續生存。

即便只有兩個人，也必須用心經營彼此的關係，雙方之間的羈絆才不會消失。

組織規模愈大，領袖的責任就愈大，要付出的努力也就愈多。

人類和動物一樣，能力最優秀的人自然而然就會被推上領袖之位。

唯有君主發揮正確的領導功能，集團才得以續存。

世襲君主，有利有弊

馬基維利認為君主大致上可分為兩種——

一種是世襲君主。

另一種是新君主。

就現在的社會狀況而言，世襲君主就是小開、小老闆，也就是繼承家族或父母公司的人。

馬基維利認為，子承父業同時也繼承了前人的各種恩惠，所以世襲君主要維持王國，通常較為簡單。

但前提條件是「沿用舊習」。

剛繼承王位時，世襲君主因尚未建功立業，應先沿襲上一代的習慣。

每一位剛繼位、沒有功績的君主，都必須將這一點銘記在心。

馬基維利還提到世襲的缺點。

世襲制度在盛世時，確實非常有利。

然而，如遇強權打算謀朝篡位，那又是另外一回事了。

大多數世襲君主在登上王位的過程中，都沒有經歷過鬥爭或磨練。

因此，他們完全不具有面對大風大浪的「基本功」。

相反的，靠實力取得王位的君主則沒有這個問題。

第二代、第三代接班人應特別注意這一點。

很多人不知道上一代在公司草創時期吃了多少苦、克服了多少困難，導致繼位後把一切想得太簡單，不是被別人篡奪家業，就是以倒閉作結。

想成為君主嗎？千萬別放過吃苦克難的大好機會

除了世襲，你還可以靠實力登上君主寶座。
馬基維利認為，這類君主必須把握面對困難的磨練機會。
讓我們再次回顧自然界的首領功能——

○維持群體秩序
○帶領群體進行求生行為
○發揮行動力挑戰新的可能性，尋找新的食物來源
○保護重要的東西免於外敵侵略

這四項功能都是在克服困難。
馬基維利還舉出歷史偉人的共通點。

摩西（Moses，古猶太人的民族領袖）、居魯士大帝（Cyrus the Great，古波斯帝王）、羅穆盧斯（Romulus，羅馬王政時代的首位國王）、鐵修斯（Theseus，希臘神話中的雅典國王）為什麼能成為名留青史的英雄呢？

因為他們帶領整個集團度過了難關。

能夠幫集團解決問題的人，自然能受到眾人愛戴，成為人人矚目、不可或缺的人物。

想要成為領袖嗎？

你需要的是能夠讓你發揮本領、提升自我存在感的「難關」。

（其實也不用特別找，因為人間處處有難關……）

這裡的「難關」，不一定要很嚴重。

可以是公司的問題，也可以是上司與下屬的人際關係。

舉個例子，不是常聽人說，情侶一起玩鬼屋或雲霄飛車能幫感情加溫嗎？一起度過這樣的「恐怖難關」，可以讓對方認清你的重要性。

讀過《君主論》的人都知道，困難與問題是將人推上君主寶座的大好機會。

迎刃而解後，「君主地位」非你莫屬。

另一個成為君主的方法，是遇見人生中的「貴人」。大家都知道，在公司或組織裡面想要往上爬，只靠實力是不夠的。相信任何商務老手，應該都無法否認這一點吧。握有人事大權的是公司的上司、前輩，若能獲得這些人的青睞，就能夠快速出人頭地。

然而，在貴人的舉薦下登上君主寶座的人，也有弱點。他們和世襲君主一樣，缺乏吃苦克難的經驗。這些因為好運而成為君主的人，總有一天得面臨考驗，證明自己擁有和運氣相符的堅強實力。

因此，要守住王位，光靠運氣是不夠的，還得做好相當的心理準備，防患於未然。

馬基維利認為，只有聰明人才懂得未雨綢繆。唯有那些願意認清不足、補強缺陷的君主，才能夠化幸運為實力。

領導能力的生成關鍵——面對問題的態度

要守護珍愛，一定要提升自己的領導能力。
否則大家只會對你說的話充耳不聞。
有些孩子不就完全不聽父母的話嗎？
當下屬不信任你，自然不會聽你說話。
不設法提升自己的領導能力，是無法帶領團隊的。

即便擁有漂亮的頭銜，也不代表擁有卓越的領導能力。
無論你是世襲君主，還是受貴人提拔而登上君主寶座，都請務必當心這一點。

身為世襲君主，必須先觀察上一代如何統治國家。
學習上一代的優點，弘揚美德，嚴禁做出脫序行為。

只有謹遵這些條件的人，才有資格稱為君主。

如果第二代、第三代總經理仗著自己位高權重，做事不考慮後果，會發生什麼事呢？

想必最後一定是眾叛親離，成為孤家寡人。

同樣道理也適用於受貴人提拔的君主身上。

勇於面對問題並設法解決，是為人君主的基本素質。

擁有領導能力的人，還能夠幫助別人解決對方無力處理的問題。

這麼一來，對方一定會對你心生敬意。

關鍵不在於問題大小，而是勇敢面對問題的態度。

想要獲得女朋友的尊敬嗎？

無論遇到多小的麻煩，請務必要在對方面前展現勇於解決問題的氣魄。

換個角度來想，其實人人都渴望被君主統治，期盼能有一位幫他們化憂解難的人物出現。

只要你拿出正確的態度，承擔問題並設法解決，周遭的人一定也會樂於承認你的王者之位。

要成為君主，你得先跨越這個障礙。

重點 3

讓你成為頂尖君主的四大行為

行為① 釐清維繫權力的結構

想要成為「君主」，也就是領袖的人，首要之務是什麼呢？
「君主」必須具備什麼樣的人格特質呢？
一般人所推崇的人格特質如下——

○恭謹謙和
○愛好正義

○厭惡殘酷
○有人情味
○慈悲為懷

令人驚訝的是，馬基維利對此全盤否定。

他認為這些項目固然重要，卻不是君主最該具備的人格特質。

奧里略（譯註：Marcus Aurelius，羅馬帝國第十六任皇帝）、佩蒂納克斯（譯註：Publius Helvius Pertinax，羅馬帝國第十九任皇帝）、亞歷山大（譯註：Alessandro Magno，亞歷山大帝國皇帝）無一不是謙和之人，他們熱愛正義、厭惡殘酷、有人情味、慈悲為懷，最後卻個個落得悲慘的下場。

（第十九章）

這些人明明都擁有現代所推崇的人格特質，為什麼會以失敗收場呢？
因為他們沒有釐清維繫權力的結構。
歷代羅馬皇帝的權力是建立在三大族群上——貴族、平民，以及軍隊（士兵）。
要一一滿足、控制這些族群，可說是難上加難。
人民（貴族和平民）喜歡不惹事的君主，士兵則喜歡貪婪的君主。
貴族和平民受和平所庇蔭，所以他們大多數都渴望遠離戰亂。
然而，士兵就不同了，打仗能讓他們獲得軍功與爵位。
在金錢與地位的驅使下，士兵對戰爭趨之若鶩。
愛好和平的人民，渴望戰爭的士兵——
唯有滿足這兩種國民，箝制雙方勢力，君主才能夠穩住自身的地位。

若君主因為天性使然，又或是缺乏手段，導致無法箝制雙方（士兵與人民）勢力，最終只會走向滅亡一途。（第十九章）

同樣的道理也可以用在商界或企業組織。

工作能力不代表一切。

公司成員基本上可分為「老闆」、「上司」、「下屬」。

滿足誰、箝制誰，能讓你得到權力呢？

在執行工作前，有獲得掌權者的同意了嗎？

誰能賦予你想要的權力呢？

在把工作做好之前，應先釐清公司裡的權力結構。

馬基維利的理論尤其適用於政界。

能打贏選戰的是哪些人呢？

不是師出有名的人，不是正義人士，也不是清白廉潔的人。

而是能夠掌握選票、獲得選民支持的人。

在戀愛結婚的過程中，同樣也要分辨誰才是掌握大局的關鍵人物。

建議各位可以和對方父母打好關係，又或是從追求對象的朋友下手。

對想成為君主的人而言，首要之務就是釐清權力的結構。
這不是在教你當一個壞人。
正如馬基維利所說：「別當一個搞不清楚狀況的人。」
政治家要先打贏選戰，才能追求理想。
商務人士要先獲得權限，才能在公司推行自己喜歡的企劃。
沒有權力，就無法實行正義；沒有決定權，就無法實現夢想。

行為② 臨「權」而居

第二個關鍵，是住在你想統治的地方附近。

看到這裡，你是不是也覺得有些驚訝呢？

然而，馬基維利認為這是「最有力的辦法之一」。

「居所」是君主發揮影響力的基礎，也是適應新環境、發展新關係、穩住新地位的手段。

京瓷的創業者，同時也是因幫助日本航空（JAL）重建而享有盛名的稻盛和夫先生，曾在《匠人匠心：愚直的堅持》一書中說，他在改革JAL的期間，只有週末才會回到京都家中，平日都是住在東京的飯店裡。

由此可見，在必須施展智謀的時期，應盡量待在組織附近。

如果新領土在語言、風俗、制度上都異於征服國，（中略）那麼你必須要非常幸運並付出極大努力，才能維持領土的秩序。而最有力的方法之一，就是征服者親自移居當地。

如果住在當地，一有什麼風吹草動，都能夠立即察覺，迅速擬定善後對策。相反的，如果不住在當地，當聽到什麼暴動的消息時，事情通常都已經發展到難以收拾的地步。（第三章）

大難當頭時，新君主不在領地將是個大問題。

畢竟遠水救不了近火。

手下為了應急，可能會向其他對象求助，導致領地的管轄權被他人一朝奪去。

這跟遠距離戀愛是一樣的。

要比喻的話，就像當另一半需要幫忙時，你卻無法立刻趕到他身邊一樣。

馬基維利在《君主論》中指出，君主權力的基礎，是讓領民覺得「沒有君主不行」。

在職場上，你必須讓下屬或上司覺得「沒有你不行」。

一九九九年，日產汽車負債金額高達兩兆日圓，雷諾汽車（Renault）董事長卡洛斯・戈恩（Carlos Ghosn）接任了該集團執行長一職，在日產改革的關鍵時期，一整年有七成的時間都待在日本。

對一個想要提升指導成效的首領而言，這可說是必要措施。

早在五百年前，馬基維利就主張君主必須移居新領地。

無論是工作還是感情，你都應該住在「最需要你」的地方。

行為③ 訂定新規，引進新制，讓人民習慣服從於你

馬基維利認為，想成為君主的人應「勤於制定規則制度」。

也許你會認為，推廣新制度不是很簡單嗎？但實際上，執行起來卻極為困難。

> 記住，這世上沒有比帶頭推行新制更為困難的事了。不但成敗不定，執行起來還非常危險。
>
> 因為君主推行新制，等於是和所有受惠於舊制的人為敵。（第六章）

征服的難處在於革新。

馬基維利認為，革新是相當困難的工作，因為必須與那些滿足於舊制的人為敵。

然而，君主為了穩固權勢、持續發揮影響力，推行新制是勢在必行。

身處現代社會，有時也有必要推行新制。

比方說，當公司的業績跌到谷底、面臨倒閉危機時，就必須一改先前制度。商場也不乏合併吸收、統一兩家公司內部規定的例子。

與身邊的人相處時，有時也會訂定生活秩序或是彼此的相處模式。這種時候，推行新制的手段與技巧就顯得格外重要。

一九九三年，美國知名企業ＩＢＭ面臨倒閉危機。

當時路易斯．葛斯納（Louis V. Gerstner）被任命為ＩＢＭ的新總裁。他第一次參加董事會時，在會上聲明自己的經營理念與手法——

◯依原則管理而非程序

○該做什麼由市場決定
○尋求解決問題的人才
○解雇熱衷在公司內進行政治操作的人
○由我制定商務策略，幹部負責徹底執行
○不准等問題惡化才告知，不准刻意隱瞞壞消息
○橫向聯繫解決問題，問題不上推
○積極交換誠懇的意見
（節錄整理自《誰說大象不會跳舞》〔*Who Says Elephants Can't Dance?*〕）

這其實是新首領在宣布自己上任後的規定。
精明強幹的葛斯納，新官上任就在ＩＢＭ推行新制。
他僅花數年時間，就讓ＩＢＭ起死回生，成為商場上的傳奇人物。
由此可知，身為一名優秀的君主，在統治新領土時，第一件事就是訂定新規、引進新制。

行為④ 無關事情大小，都要主動提案，達成目標

最後一項讓你成為頂尖君主的行為是什麼呢？

那就是「主動提案，達成目標」。

人數不是重點，只有自己一個人也無所謂。

當然，最好的狀況還是與他人合作。

關鍵在於由你提出計畫，讓大家共同執行。

多小的事情都沒關係，比方說，和另一半一起外出旅行，甚至只是一起去看電影。

帶家人去遊樂園玩也是不錯的選擇。

在職場上則可提出改善方案。

像是提供簡單的意見，又或是負責籌劃尾牙。

只要是能讓你展露新創意的舞台，都可以著手嘗試。

要注意的是，如果你是世襲君主，身邊一定都是舊制。
這些都是上一代、上上代所制定的制度。
換句話說，大家遵從這些規則，並非出自你的影響力。

想要當君主，就要「創造」你自己的影響力。
不過在思考新創意時，請各位務必保持冷靜，不要過於急躁。
太過心急想要有作為，風險也會跟著提高。
由你發想提案，才能讓周遭人「習慣」臣服於你。
唯有讓人臣服於己，君主才有發揮影響力的空間。
現代人都是聽指示做事，若能巧妙利用這一點，必能順利登上君主之位。

第二章

追求權力，熱愛權力

第二章將說明馬基維利所提出的「必須當君主的理由」，並向各位介紹成為君主的起點，分析讓人蛻變為君主的要因。

重點 1

權力是好物

熱愛權力，化夢想為現實

馬基維利透過《君主論》告訴我們這個世界的真實樣貌。
在現實世界中，沒有影響力，你什麼都得不到。
唯有掌握權力，才能讓周遭的人聽令於你。
遵從別人訂定的規則過一生，未嘗不是一種選擇。
但前提是你能接受，而且能夠恆久忍耐。
然而，若對他人完全言聽計從，可能會被當成奴隸對待。

你想要一輩子都受人使喚嗎？

如果你無法忍受屈辱，又或是想活出精彩的人生，應該無法接受自己淪為百依百順的應聲蟲吧。

現在的義大利，正面臨一個新君主得以揚名天下的絕佳時代。（中略）我認為，如今義大利的情勢，是新君主夢寐以求的大好機會，也是有史以來，實際行動的最佳時機。（第二十六章）

一般人對權力都抱有「骯髒」的偏見。

他們將居高臨下差遣他人視做不好的行為，甚至覺得「君主」二字帶有傲慢、自大的意思。

就像有些人先入為主地認為「金錢是骯髒的」一樣。

然而，實際上又是什麼情況呢？
唯有認同錢、熱愛錢的人，才能賺大錢。
這些人從不認為金錢骯髒，而是以謹慎的心態追求財富。
權力也是一樣。
只有那些喜歡權力、珍惜權力，認為權力很好用的人，才能真正掌握權力。
而認為權力很骯髒的人，就只能對這些人言聽計從，身不由己地度過每一天。
一邊幻想自己什麼時候可以獲得解放，一邊迎向人生的終點。

無論你想為這個世界做什麼，在沒有執行權限的情況下，一切都是空談。
這個社會會把權力交給什麼樣的人？
不是正當使用權力的人，而是知曉權力的威力、熱愛權力的人。
想要扭轉人生嗎？想要改變社會嗎？胸懷大志是好事。
但相信我，你更需要一顆熱愛權力的心。

讓別人覺得「不能沒有你」

還記得馬基維利所說的「君主權力的基礎」嗎？
那就是讓領民覺得「沒有君主不行」。
不是「可有可無」，而是無可替代的存在、值得尊崇的對象。
人人都必須尊你、敬你，無人可取代你在他們心中的地位。

【讓你成為頂尖君主的四大行為】

①釐清維繫權力的結構
②臨「權」而居
③訂定新規，引進新制，讓人民習慣服從
④無關事情大小，都要主動提案，達成目標

只要你隨時在人民身邊，有任何疑難雜症，他們都會來尋求你的協助。
以前曾有議員因當選後，未幫選區居民服務，而遭受大眾批評。
這其實是必然的結果，畢竟市民將票投給你，就是希望你能幫他們解決問題。

提出新計畫並予以實行，有助於創造新的財富和利益。
只是一味沿襲陳規、解決問題，對君主而言是不夠的。

用戀愛來比喻這層關係，就更好理解了。
在對方悲傷無助時，你總是陪伴在他身邊。
不只幫對方解決問題，還為他規劃好玩的約會行程，一起出去同樂。
讓對方深深感受到，你所制定的規則都是為了你們的未來著想。
還有，能夠獲得對方信賴的人的青睞與喜愛。
若另一半具備以上條件，誰捨得放手呢？
馬基維利認為，君主的權力來自領民的大力支持，君主必須讓領民覺得「沒有他不行」。

無論是一般企業、公家機關，還是家庭生活皆是如此。

一味作威作福，是無法讓君主獲得權勢的，而是要讓多數平民、貴族將你視為「不可或缺的存在」。

在經營戀愛關係時也是，你必須讓另一半覺得你是他人生中「不可或缺的存在」。

切記，領民的支持是所有君主的起點。

君主應緬懷歷史，望古思今

你是不是覺得，當君主簡直是不可能的任務呢？
但其實放眼歷史，君主的數量多如繁星。
這些史實就是幫助我們成為君主的教科書。
如果不知道該怎麼做，可先研讀這些君主的事蹟，從學習和模仿做起。

君主應該閱讀史書，研究英雄豪傑的豐功偉業。
這些英雄豪傑，其實也是仿效歷史上的偉人。他們以世人所讚譽、尊崇的人物為榜樣，向先賢的軍功、舉措致敬。（第十四章）

馬基維利指出，英雄都有一個共通點——他們都是以過去的偉大人物為榜樣。

很多人都覺得成為君主是遙不可及的夢想。

但其實，歷史上有很多可以參考的對象，要找到範本應該是唾手可得。

對權力毫無興趣的人，自然不會把這些範本當一回事。

不熱愛權力的人，只會覺得這些範本和自己八竿子打不著邊。

這些人一輩子都只能受他人擺布，即便心中懷抱理想，也將隨著時間成為過往雲煙。

英明的君主都非常重視權力。

他們很清楚自由多麼令人愉悅，也明白「征服」能為自己帶來多少好處。

這些人工於心計，知道如何讓自己成為他人不可或缺的存在。

在你卻步不前的期間，他們正逐步完成夢想、創造財富。

別拿「運氣」當藉口

弱者的藉口總是特別多。

這其實是有原因的。

因為他們若不找理由安慰自己，就只能苦吞敗北的滋味。

「這是老天爺的安排」、「我只是運氣不好」、「那個企劃會成功，只是因為走運」。

每每準備做什麼事之前，你是否也像這樣，為自己找好一大堆失敗的藉口呢？

像這樣的「命運論」，非常受喪家之犬的歡迎。

然而，洞悉歷史、為達目的不惜以人生為賭注的馬基維利，卻對「命運論」感到不以為然。

我們來看看他怎麼說——

這些穩坐王位多年的義大利諸侯，倘若一朝國家被人奪去，不應將責任推給命運，而該歸咎於自己的無能。（第二十四章）

馬基維利的這番話真是一針見血。

為什麼原本屬於自己的東西會被人奪走？為什麼會失去珍愛？這都得怪君主，也就是你自己的玩忽職守。與心愛的人分享財富是多麼幸福的一件事。之所以做不到這一點，全是你自己的問題。

《君主論》是寫給立志成為君主的人看的，而非給那些怨天尤人、喜歡自我安慰的人。

「命運論」是失敗者才會有的想法。

所以，若君主一天到晚把命運掛在嘴邊，被人亡國也只是剛好而已。

馬基維利之所以寫下《君主論》，是期盼能有英雄帶領義大利東山再起。這本書同樣也能獻給現代那些胸懷大志、勢必達成目標的領袖。他在書中呼籲，君主千萬不可相信命運論。

先掌握權力，才能夠探索理想。先保有權力，才能夠實現理想。

心愛的人幸福與否，全取決於你是否幸福。而能為自己、為周遭、為心愛之人帶來幸福的，就只有身為君主的你對於勝利的渴望。

重點 2

不錯失任何良機，主動出擊

「最佳策略」是由情勢決定，不是你！

大家都渴望成功。

對領袖而言，成功更是重要。

然而，任誰都有因事情不如預期而發愁的時候。

這時該怎麼做呢？

馬基維利在《君主論》中如是說——

假設有兩個準備周全的人，一個如願達成目標，另一個卻以失敗作結。（中略）原因出在他們的做法，一個符合時代特徵，另一個則否。一個謹慎安邦、耐心治國的君主，政治手段若正好符合時代與情勢，國勢也會日漸繁榮。然而，若時代和情勢有所變化，就會迎向垮台一途。（第二十五章）

他還指出，勝利的關鍵在於特定的資源。

決定成敗的不是你，而是「時機」。

若是用錯時機，「謹慎」、「耐心」等優點也會變成缺點。

最佳對策不是由你我決定，而是「情勢」。

唯有符合情勢的策略，才能稱做最佳對策。

馬基維利認為君主有下述兩大成功利器——

①辨別狀況的能力

②果斷執行相應對策的能力

比方說，當有人客訴你們公司的產品時，你是該道歉還是該反駁呢？

這其實得視情況而定。

當對方是刻意找碴的「奧客」時，即便是你們公司的問題，也不可以輕易道歉。

相對的，如果對方是想好意提醒你，就不能大言不慚地予以反駁。

若無法在第一時間做出最適當的回應，可能會引發大型的集團訴訟。

基本上，只要能夠正確判斷情勢，問題就解決了一半。

唯有對症下藥，才能有效擺平客訴。

找到適合的人員也是很重要的。

若負責的人員非常擅長處理這類情況，自然是勝券在握。相反的，若完全拿這類情況沒輒，失敗只是早晚的事。

君主的「成功利器」不僅限於本身的能力與手段。

關鍵在於能否明辨狀況，進而找出最適當的解決方法。

因應潮流，捨棄個人風格

馬基維利在書中還闡述了「庸才的人生」。

他說，庸才的人生中有成有敗。

然而很遺憾的是，失敗的次數一定比成功多。

為什麼呢？因為他們過於自我中心，無法與他人協調，只有處理和自己「資質相符」的事情時才會成功。

換言之，庸才之所以經常失敗，是因為不懂得變通。

人若太過糾結於自己的行事風格，唯有做法合乎命運時才能成功，否則將召來不幸。（第二十五章）

然而，優秀的君主就不同了。

中國有句話叫「君子豹變」。

同樣的，我們也可以說「君主豹變」。

迎合時勢改變做法的人會成功，相反的，不願迎合時代改變做法的人則會遭逢不幸。（第二十五章）

庸才之所以會失敗連連、鮮少成功，優秀的君主之所以會成功連連、鮮少失敗，都是因為這個原因。

馬基維利指出，命運隨時都在改變風向。

唯有願意迎合風向、捨棄自我風格的人，才能夠永續繁榮。

因國施政

《君主論》的結構相當單純，全書由二十六個章節所組成。

前半部的十一章在講述「君主國的種類」。

書中提到的君主國有下述八種——

○世襲君主國

○混合型君主國（舊領土加新領土）

○人民自治型國家

○靠自力或武力取得的新君主國

○靠運氣或他人武力取得的新君主國

○靠卑鄙手段成為君主的人

○公民型君主國

◯教會君主國

馬基維利為什麼要列舉不同種類的君主國呢？

原因很簡單，因為統治不同種類的國家，必須使用不同的統治策略。

那些被征服的國家，有些早已習慣在君主的統治下生活，有些則過著自由的日子。取得領土的方式，又可分為倚靠他國武力或是自家武力，也就是運氣或是實力。（第一章）

馬基維利認為，國家種類不同，君主遇到的問題也會不同。

簡單來說，就是「依狀況做出最佳決策」。

有句話叫「因材施教」，意思是依照對方的狀況進行教學。

同樣的，馬基維利認為君主應該「因國施政」。

該如何治理舊領土加上新領土的國家呢？

馬基維利在書中建議，新君主為了有效統治新地、管理國家，應滅絕舊君主的血統，並移至新領土居住。

商界也是一樣，我們必須因應情況做出不同的策略。

比方說，洗衣粉大廠花王，於二〇〇〇年遇到了一個大問題。

那就是洗衣粉會殘留在洗衣機中，無法完全溶解。

之所以會造成這樣的情形，是因為當時日本社會吹起了一股節能減碳風潮，各大廠商紛紛推出省水型洗衣機。

為了因應新潮流，花王開發出更好溶解的微粒子洗衣粉和洗衣精。

這項快速的應變措施，讓花王保住了自己在洗衣粉界的龍頭寶座。

再舉一個例子，日本零食廠商卡樂比（CALBEE, Inc.）在泰國也非常暢銷。

因為他們配合當地收入訂定價格，一包零食只賣五到十泰銖。

君主不應害怕臨機應變。

要建立霸權基礎，一定要先學會正確判斷情勢。

正確判斷情勢的下一步：雷厲風行

正如馬基維利所說，要做出成果，第一步必須明辨狀況。
能夠正確判別情勢，就是成功的開始。
有了好的開始，策略效果也會隨之提升。
相對的，那些不懂得隨機應變的人，就只能飽嘗慘敗的滋味了。
那麼，判斷情勢的下一步該怎麼做呢？
答案就是快速、大膽地執行對策。
趁著問題尚未出現，又或是尚未變嚴重時全力以赴。

> 人與其戰戰兢兢，倒不如果斷行事。因為命運之神是一名女性，你想要征服她，就必須擊潰她、撞倒她。（中略）簡言之，命運有如女性

一般，永遠站在年輕人的那一方。因為年輕人輕慮淺謀，血氣方剛，所以才能無所畏懼地支配女性。（第二十五章）

比起靜觀其變的人，女神更愛擁有行動力的人。

馬基維利在文中的用詞相當辛辣。

若因為瞻前顧後而卻步不前，是無法受到命運青睞的。

「擊潰她、撞倒她」——馬基維利並非要我們做出暴力行為，而是在不給對方思考空檔的情況下雷厲風行，大膽行動。

馬基維利認為君主有兩大成功利器——

①辨別狀況的能力

②果斷執行相應對策的能力

沒有辨別狀況就奮不顧身，等於是拿雞蛋碰石頭。

然而，若能正確辨別狀況，「奮不顧身」就成了勝負的關鍵。重點在於「主動出擊」。伺機而動只會讓成功離你愈來愈遠。

時間會帶來好事，也會帶來壞事。若一味等待時機，好事、壞事全都會來到你的眼前。（第三章）

對那些優柔寡斷的人而言，「等待時機」是他們最輕鬆的選擇。馬基維利主張，應該要在壞事還沒找上門前就將之粉碎。若能主動先將壞事破除，時間就只會為你帶來好事。

重點 3

君主四大資質：「運氣」、「機會」、「力量」、「殘暴」

危機就是成為君主的轉機

正如前面所說的，馬基維利在《君主論》的前半部，將君主分成好幾種類型。

其中，他特別提到促使君主誕生的四大要素——「運氣」、「機會」、「力量」、「殘暴」。

○先靠運氣，再培養實力

○本就有實力，又有天賜良機
○受人提拔後培養實力
○殘暴的手段

世襲君主類似企業老闆又或是大地主的兒子。
這些人含著金湯匙出生，不用付出什麼努力就能獲得地位或頭銜。
然而，他們靠著幸運上位後，還必須迅速培養「維持地位」的實力。

「本就有實力，又有天賜良機」，是指有能者獲得機會。
針對這一點，馬基維利舉了古猶太民族領袖摩西、古波斯帝國的居魯士大帝，以及建立羅馬帝國的羅穆盧斯為例子。
這些人都擁有絕佳的領導能力，可是必須在天賜良機之下，他們的能力才有用武之地。

若非這些機會，他們也不會心生鬥志；而若非他們心懷志氣，縱使有機會也沒有意義。

良機只不過為他們提供了機緣，而化機緣為豐功偉業的，是他們自己。（第六章）

對有實力的人而言，「機會」意味著什麼？

當某個集團陷入不幸、走投無路時，只要你適逢其時，並解救他們於水深火熱之中，就能成為偉大的君主。

對摩西而言，機會是猶太人淪為埃及的奴隸。

對羅穆盧斯而言，機會是人民對阿穆略王權的心懷不滿。

他們的「機會」皆來自民眾的不幸和不滿。

他們之所以能成功，是因為受惠於各自的良機。也因為機會的出現，他們才有幸展露頭角，發揮超群的力量。（第六章）

想要成為君主，實力固然重要，但更需要機會。

為什麼美國總統甘迺迪能留名青史呢？

因為他成功化解了美、蘇一觸即發的古巴飛彈危機。

有美國企業界「英雄」之稱的李．艾柯卡（Lee Iacocca），為何能享譽商界呢？

因為他解救了美國三大車廠以及克萊斯勒的經營危機。

你很優秀嗎？你想展露頭角嗎？危機就是你成為君主的轉機。

偶然取得地位的下一步：努力不懈

有些人因為受到老闆青睞而登上大位。

其中當然不乏沒有實力的「走後門人士」。

這些人憑藉著人際關係，取得了君主的地位。

然而，馬基維利卻認為，靠「關係」上位，並不代表仕途就此順遂。

> 這些人的登基過程有如在飛行。飛行途中非常順利，也不會遇到任何阻礙，然而在降落的那一刻，所有困難就會鋪天蓋地襲捲而來。（第七章）

用金錢買王位，又或是因他人善意而承襲王位的人也是一樣。

古代大流士大帝曾因個人因素而給予數人君主頭銜。然而，這些人登基後，個個都面臨了極大的困難。因為他們不懂弄權之術，也不懂如何發號施令，甚至沒有幫手。

這個故事告訴我們兩個重要的道理。

一是靠運氣取得地位後，必須即刻培養與地位相符的實力。

那些一躍成為君主的人，若要保住這天外飛來的幸運，一定要迅速培養渾身才幹，否則終將自取滅亡。（第七章）

二是「明辨狀況」的能力有多重要。

隨著登基的方式不同，應對方式也會不一樣。

在父母的庇護下成為君主（老闆）的人，千萬別把一切歸功於自己的實力。因他人善意又或是靠金錢取得權位的人，也千萬別因大意而鬆懈。

否則一時之間諸多問題蜂擁而至，只會害得組織元氣大傷。

如果你是企業小開，請切記——

你的權位來自與生俱來的幸運，別因為一時大意而丟了統治權。

坐上王位後，別忘了回頭想想，自己何以爬到今日之地位。

和「明辨狀況」同樣道理，君主也必須冷靜地審視自己，思考為了王位必須付出哪些努力。

唯有奮發圖強，才能夠穩坐君主之位。

大膽挑戰「驚人之舉」

接下來，我們要談創造君主的第四要素——殘暴的手段。

馬基維利在書中也舉了靠自力登上王位的例子。

西西里人阿加托克利斯（Agathocles）原本是貧戶之子，父親以製陶維生。

然而，他憑著一股無所畏懼的行動力，從一介平民，躍身為敘拉古（Syracuse）之主。

阿加托克利斯一生奉行殘暴之道。

不過，他的殘暴行徑為他打造了堅強的身心、開拓了君主之路。

他先是跟著父親製陶，後來投身軍隊，娶了知名富豪的遺孀。

因為性格剛毅，他在軍隊裡官階步步高升，最後還當上敘拉古軍隊的總司令。

有次他逮到機會，屠殺了一萬名市民，終於奪得敘拉古的統治權。

回顧這個男人的行為與能力，你會發現他的崛起並非因為好運，即便有運氣的成分，也只是微乎其微。（中略）他經歷各種危險，排除無數困難，一步一步提升軍階，最後才登上君主之位。（第八章）

馬基維利還舉出傭兵隊長維泰利（Vitellozzo Vitelli）做為類似的例子。維泰利與舅父一同殺了當權者，奪得統治權，並頒布新的民政與軍政制度。他曾和切薩雷・波吉亞（Cesare Borgia）合作，後來反目成仇。靠著暴行上位的他，最後被切薩雷所殲滅。

若將時代移到現代，殺害舅父、計畫性地屠殺有力人士都是非常令人髮指的行為。

任何人這麼做，都將受到法律的嚴厲制裁。

那麼，商場上的「殘暴行為」是指什麼呢？

那就是「發揮驚人的膽量與氣魄」。

美國微軟（Microsoft）的創始人比爾・蓋茲（Bill Gates），在世界富豪榜上也享有盛名。

他在哈佛唸書時，曾向微儀系統家用電子公司（Micro Instrumentation and Telemetry Systems，簡稱 MITS）兜售程式。當時他的程式甚至還沒寫好。

成功賣出程式後，他立刻向大學提出休學申請，創立微軟公司。

軟銀集團（Softbank）的總經理——孫正義先生也是於大學時創業。

他十幾歲在美國留學時，就投入大筆資金開發自動翻譯機，隨即創立了電腦軟體零售公司。

之後他四處收購公司，目前軟銀集團的總資產已超過兩兆日圓。

現代君主也經常為人所不敢為。

古代人的「殘暴手段」，轉換到現代商場，就是「膽量與氣魄」。

當然，我們不一定要模仿成功傳記中的偉人。

建議各位可以從身邊下手，挑戰別人不敢做的事。
如果沒有人願意當企劃負責人，就由你來當。
參加一流人物的演講、應徵有前途的企業。
又或是執行與海外企業的合作計畫。

自古以來，很少有人能毫不在意地做出暴行。
也因為這個原因，「殘暴」在古代是成為君主的一種方法。
當你要做別人不敢做的事情時，代表你已經脫穎而出。
現代人的「勇往直前」，相當於古代的「殘暴不仁」。
如果你沒有運氣也沒有實力，就靠「膽量與氣魄」出頭天吧！

靠膽量爬上顛峰，靠努力維持地位

靠膽量與氣魄一舉當上君主後，接下來必須腳踏實地地努力。馬基維利說：「殘暴，之後要讓人民心安。」

「殘暴」必須一舉成事，而非三天兩頭就故技重施。藉此讓人民心安，施以恩惠，籠絡民心。（第八章）

靠膽量與氣魄做出「驚人之舉」、抓住機會後，下一步該怎麼做呢？那就是努力不懈、腳踏實地。

以前，筆者曾訪問過知名創業公司的經營者。

被問到上述問題時，他們大多數人的回答都是「營運管理」（Operation

Management）。

> 一個人若是膽小怕事，又或是聽信讒言，導致做出相反的舉動，那麼他永遠無法放下短劍。（第八章）

若一開始沒有狠下心來，之後才因應情況做出不仁行為，只會讓君主招致人民的怨恨，為了保護自己而日日短劍不離身。

若一開始沒有勇往直前，之後又沒有付出努力，光是每天的工作就自顧不暇了，根本不可能在商場上成功。

殘暴必須一舉成事，之後要不斷小施恩惠。

商場也是一樣，靠著膽量與氣魄瞬間做出驚人之舉後，更應奮發圖強、努力向上。

第三章

以學惡來行正義

第三章要說明君主霸權的根源。君主的統治來自於民望，基於這個原因，君主應該要大舉「學惡」。

重點 1

想讓他人對你言聽計從嗎？你需要強化「統治能力」！

君主建立霸權的五大特質

「霸權」，也就是「統治能力」是君主的必要條件。

所謂的「統治能力」，就是讓周遭人聽令於你的能力。

在現代商場上可替換成「領導能力」一詞。

倘若周遭人對你的話充耳不聞，那麼你根本沒有資格稱為「君主」。

無法發號施令的人只是傀儡，並非君主。

馬基維利認為，君主要建立霸權，必須符合下述五大特質——

○不負眾望
○具有責罰他人的能力
○人民只有你可以依靠
○不怠惰傲慢
○捨虛取實

公民型君主國的君主必須獲得多數民眾的支持，因此，如何回應民眾的期望就顯得特別重要。

當貴族有求於君主，又或是人民大多苦於現狀、心懷不滿時，君主就可以趁勢而行，站出來為他們發聲。

第二，「具有責罰他人的能力」。

要做到這一點，最簡單的方式就是制定新規、推行新制。

但要注意的是，過程應盡量避免招致人民怨恨。

若二者必須取其一的話，受人畏懼要比受人愛戴來得更為安全。

（第十七章）

第三，「人民只有你可以依靠」。要合乎這個條件有兩個方法——

一是培養無可取代的問題解決能力，又或是給出獨一無二的好處。

二是消除其他可以依靠的對象。

關於這一點，馬基維利認為君主繼位後，應消滅舊統治者的所有血脈。

第四，「不怠惰傲慢」。

在這裡要呼籲各位，別以為做「好事」別人就一定會幫助你。

這不是要你當一個壞人，又或是放棄善良。

而是在叮嚀你，做人不要太樂觀。
即便你做的事是對的，別人也不一定買帳。

> 這世界上多為不善之人，如果一個人堅持為善，最終只會迎向破滅一途。因此，君主想要保護自己，就必須學習如何當一個不善之人。
> （第十五章）

以「正義」為名的怠惰與傲慢，終將導致失敗。
天真地以為所有人都會與你站在同一陣線，是非常危險的想法。

第五，「捨虛取實」。
別一味追求「高尚」和「大方」的名聲。
這些「虛名」只會造成你的負擔。

試想，若一味追求虛名，而忽略即時努力，會發生什麼事呢？
遇到危機時，你的君主之位將搖搖欲墜。
馬基維利認為君主應當一毛不拔。
因為放眼歷史，你會發現那些成就豐功偉業的人都是「小氣鬼」。

有過則罰

我想更深入地談論上述第二大特質——「具有責罰他人的能力」。馬基維利認為，君主想要打造霸權，「責罰」是不可或缺的條件。為了說明這一點，他在書中拿兩位英雄做比較。

一是以羅馬為敵的迦太基英雄——漢尼拔（Hannibal Barca）。

一是打倒漢尼拔的羅馬名將——大西庇阿（Scipio Africanus）。

漢尼拔的軍隊是由各類人種所組成，然而這些軍人在異鄉征戰時，卻從未發生過內鬨或叛亂。

這得歸功於漢尼拔的殘酷無情。他身上的許多特質，讓手下的士兵對他感到既敬服又畏懼。（第十七章）

另一個英雄大西庇阿則是擊敗漢尼拔的軍事天才。和下面這段對大西庇阿的敘述做比較後，你會發現漢尼拔的「冷酷」是指「責罰他人的能力」。

大西庇阿的軍隊在西班牙謀反。沒有別的原因，只因為他太過仁慈，又對士兵過於寬容。

還有一次，大西庇阿派遣的政務官消滅了羅克里斯（譯註：Locris，希臘的古地名）的居民。然而，大西庇阿卻沒有為居民報仇雪恨，甚至沒有譴責政務官。（第十七章）

冷酷無情的漢尼拔，把軍隊帶領得井井有條。

仁慈寬容的大西庇阿，拿部下完全沒輒。

大西庇阿後來憑著過去對國家的貢獻，榮譽退位。

但馬基維利認為，若他繼續掌權，最後一定會聲譽盡失。因為一個做不到「有過則罰」的人，是無法維持霸權的。

作惡以行正

惡與正義，何者較為「傑出」呢？

如果你問馬基維利這個問題，他一定會毫不猶豫地回答「惡」。

為什麼呢？因為正義會導致某種層面上的怠惰與傲慢，使人低估問題的嚴重性。

老實說，「行正」其實是一種「自以為是」，將正確的事加諸在其他人身上，一廂情願地認為別人一定會買帳。

說得更難聽一點，這些人不過是耽溺在正義之中罷了。

但「惡」就不同了。

因「作惡」會得罪人、侵犯他人權利，所以作惡之人通常都特別提高警覺。

他們不斷在思考要如何才能成就難事、要做多少事前準備才能完成惡事。

正因為「惡」被人憎恨唾棄，所以他們更具有危機感。

這樣的危機感能驅使他們精益求精，做好更周全的事前準備。

獅子無法保護自己免於落入策略計謀的陷阱之中，而狐狸又無力抵抗豺狼。因此，在尋找陷阱時，君主必須是一隻狐狸；在威嚇豺狼時，君主則必須是一頭獅子。（第十八章）

很多人以為，《君主論》是一本推崇「作惡」的作品。但其實，這本書的本質是在告誡大家，別因為「行正」而大意。「作惡」的目的是要完成別人所唾棄的事。我們應以「惡」的周全與狡猾來執行正義。

重點 2

君主該如何提升「統治能力」？

滿足周遭人的微小期望

國家或集團易主時，新領導者都是身負眾望。

人民之所以將某人推上君主寶座，是因為相信那個人不會辜負自己的期望。

馬基維利主張，君主應特別留心民眾對政府的不滿。

否則很容易遭人「趁虛而入」。

以繼承優秀企業的年輕老闆為例。

公司的員工一定都期望他能承襲上一代的優點。
期望新老闆隨時待在員工身邊，以便有問題時可以找他商量。

「不辜負周遭期望」對君主而言是非常重要的。
這裡的「期望」不一定是高難度的要求。
建議大家可以從小事做起，像是「在下屬需要有人商量時待在他身邊」。
剛登基時，基本上這樣就足夠了。

○前輩滿足後輩的期望
○上司滿足下屬的期望
○老闆滿足員工的期望

我們一開始沒必要挑戰大型任務，而是從眾人都能受惠的「小期望」做起。
另外，平民和貴族對君主的期許也有很大的差別。
馬基維利指出，一點點小願望就能使平民感到滿足。

因此，君主應該先設法獲得平民的支持。

反叛者總以為殺死君主能夠取悅人民。但其實，如果反叛者知道自己這麼做會激怒人民，他就沒有勇氣做得這麼絕了，因為那等於是在為自己找天大的麻煩。

一個守秩序的國家，又或是一個傑出的君主，是不會將貴族逼到走投無路的。不僅如此，還會煞費苦心地滿足民眾需求、讓民眾安居樂業。這在君主應留心的事項中，可說是最重要的一環。（第十九章）

沒有幹部輔助，老闆一樣能經營公司。

但如果員工憤而罷工，事情可就麻煩了，公司甚至可能因此停擺。

多小的期望都沒關係，君主霸權形成的最基本條件之一，就是設法滿足周遭人對你「理所當然的期待」。

在多數期望中取得平衡

地位愈高，就愈多人對你抱有期望。

羅馬皇帝就為了滿足貴族、平民和士兵三方而吃盡了苦頭。

馬基維利在書中強調，無法成功駕馭三方的皇帝統統都滅亡了。

一般來說，人民喜歡溫和不好戰的君主，然而士兵卻喜歡好戰傲慢、殘酷貪婪的君主。因此，君主要同時滿足士兵與人民的期望，可說是難上加難。（第十九章）

我們經常得面對多數人或多個團體的期望。

情況雖然不如羅馬皇帝複雜，卻也一樣難以擺平。

我們該怎麼做，才能在各種期望中取得平衡呢？
事實上，這可是君主大展身手的好時機！

○公司的期望與下屬的期望
○市場的期望與公司內部的期望
○股東的期望與員工的期望
○家人的期望與公司的期望

當然，我們無法百分之百滿足每一方的要求。
《君主論》不會以不切實際的想法做為目標。
重點在於「取得平衡」。
面對多方勢力，君主必須均衡地滿足每一方的期望。

當一個解決問題的能者

「值得依靠」是君主的特質之一，於公於私皆應如此。這裡的「值得依靠」，不是指將工作全權交予君主負責。而是在占上風的同時，與他人保有強烈的信賴關係。

沒有先見之明的君主容易自取滅亡。

馬基維利在書中以法國國王路易十二為例——

路易十二因貪圖那不勒斯王國（Kingdom of Naples），竟決定與西班牙國王瓜分那不勒斯。路易十二原本是獨霸義大利的盟主，卻硬生生地拉進另一個夥伴。這麼做等於是幫那些別有居心、心懷不滿的人，建立了一個可以求援、申訴的管道。（第三章）

身處現代，我們不能無緣無故地疏遠他人。
在商界也是一樣，要單方面地排除某人是相當困難的。
既然如此，我們就要做出與「君主」頭銜相稱的行為，當一個「值得依靠」的人。

如果你是老闆，就必須具備員工所沒有的問題解決能力。
如果你是上司，就必須具備下屬所沒有的問題解決能力。
對下屬而言，到底怎麼樣才是「值得依靠」呢？
答案就是為他做「只有你做得到」的事。
不是幫忙做他會的事，而是幫忙解決「非你不能解決的問題」。

別人的閒言閒語？當做「努力目標」就夠了！

君主建立霸權的最後一個特質是「捨虛取實」。

「捨虛取實」與其說是「建立霸權」的方法，不如說它更像是「維持霸權」的策略。

簡單來說，就是不在人前惺惺作態、粉飾太平。

就拿前面提到的「裝闊」來說吧。

裝闊會使你破綻百出，為了保住「大方」的名聲，只能不斷花錢請客，最後成為受人操控的傀儡。

同樣地，一味想保住「好主管」的名聲，最後只會被下屬耍得團團轉。頭銜、輿論也是一樣。

若被人發現你把這些看得比什麼都重要，小心淪為別人的棋子。

因此，各位無須太過在意外界對你的評價。
那些閒言閒語，頂多只是你的「努力目標」。
身為一個君主，當人家要求你做能力範圍之外的事情時，一定要義正辭嚴地拒絕。

當君主向世間展現慷慨美德、想藉此獲得世間的美評時，只會為自己帶來損失。因此，一個英明的君主，是不會在乎別人說他吝嗇的。
君主不該介意世人批評他吝嗇。（中略）唯有行此惡德，才能保住自己統治者的地位。（第十六章）

輿論會害你失去人生的主導權。
因此，太過在意外界評價，等於是在浪費人生。

比起外界的閒言閒語，君主更應重視實際利益。
一個優質的君主根本不會在意別人討厭他。
因為比起被人操縱而失去君主之位，被人討厭不過是芝麻小事。

重點 3

讓臣服者以你為榮

你是「值得服從」的領袖嗎？

前面說到，「統治能力」是讓周遭人聽令於你的能力。
然而，別人可不會無條件對你言聽計從。
君主也必須滿足他們的需求，以做為「服從」的代價。
一般人服從君主是為了追求三件事——

◯財富

〇身家安全

〇自尊心與榮譽感

我們服從上司、效忠公司，也是為了追求這三個要件。

誰會想要服從一個可能會帶來貧窮、危險的君主？

第三點也相當重要。

簡單來說，就是待在某家公司能帶給你自尊心或榮譽感，又或是上司的作為、信念、工作態度值得你尊敬。

但這並不代表君主一定要當個聖人君子。

塞維魯皇帝（Septimius Severus）的實力堅強，他雖欺壓人民，卻很懂得拉攏士兵，以致維持霸權到最後。無論是士兵還是人民都對他另眼看待，人民對他的表現無不瞠目結舌，士兵則陶醉在對他的尊敬與滿意之中。

在亞歷山大將近十四年的統治下，沒有任何人未經審判就被他處決，人民因此對他讚譽有加。然而，士兵卻瞧不起他是個婦人之仁、聽母親意見執政的人。終於，他在一次軍隊的叛亂中遭人虐殺。（第十九章）

人民從何評價君主呢？

一看君主能否適當處置該處置的人。

二看君主的行為、發號施令時的居心，以及君主的信念。

羅馬皇帝亞歷山大是個仁慈的君主。

然而慈悲為懷的他，卻因為當母親的政治傀儡而被士兵輕蔑，導致最後被虐殺的慘劇。

為什麼士兵要這麼做呢？因為士兵覺得跟隨著這樣的皇帝有辱他們的自尊。

相反的，塞維魯皇帝雖然欺壓人民，卻因為擁有堅強的信念和果斷的行動力，所以人民與士兵都非常尊敬他。

為什麼呢？因為侍奉他能讓人民與士兵獲得榮譽感。

君主和人民、士兵的關係，可不比親子或友人、鄰居。

一味秉持和藹可親、溫厚仁慈的態度，是無法成事的。

這些人視你為君主。

若能讓他們以你為榮，才能迎向太平盛世。

切記，當士兵和人民覺得跟隨你有辱他們的自尊心時，君主也將失去威信。

受人鄙視是君主大忌

馬基維利指出君主有兩大忌諱。

一是「遭到人民怨恨」，二是「遭到人民鄙視」。

關於第一點，馬基維利闡述如下。

君主會招致怨恨的最大主因，（中略）是覬覦並掠奪臣民的財產和妻女。這一點是君主的大忌。世上大多數人在財產、名譽不被人掠奪的情況下，都能夠安居樂業。（第十九章）

現代社會，居上位者基本上不會上演「掠財奪妻」的戲碼。

但無論如何，君主都必須謹慎小心，避免遭到他人怨恨。

另一方面，如果君主朝令夕改、膚淺草率、婦人之仁，又或是膽小怕事、優柔寡斷，自然就會遭人鄙視。關於這一點，君主必須像小心暗礁一般謹慎提防。（第十九章）

《君主論》寫於十六世紀。

「婦人之仁」已不適用於今時今日。

但其他像是「膚淺草率」、「膽小怕事」、「優柔寡斷」等特質，在現代社會中還是會遭人輕視。

就像前面所提到的，羅馬皇帝亞歷山大因為「有罪不罰」而失去威望。

如果一個君主對那些不守規則、貶低皇權的人視而不見，其他人自然會認為他沒有懲戒臣民的能力。

如果做錯事不會被罰，那麼循規蹈矩的人不就跟白癡一樣？

因此，士兵會鄙視亞歷山大也是無可厚非。
這是皇帝因優柔寡斷自作自受，招致臣民輕蔑的最好例子。
也許你會覺得，慈悲心腸有什麼不好？
朋友之間相處或許還可以，但統治人民卻不行。
一味仁慈等於自找麻煩，在真正緊要關頭時，落得眾叛親離的下場。

《君主論》指出，「遭到人民鄙視」是君主的致命傷。
不但會使霸權體制支離破碎，還有可能因此失去王位。
當權者受人敬重還是輕視，關鍵在於處事的「態度」。

鼓起勇氣當個「百變君主」

阻礙君主建立霸權，還有一個要素——「冥頑不靈，不懂變通」。現實與理想不同，現實世界瞬息萬變。「食古不化」並非美德。

我敢言，一個堅行美德的君主，最終只會有損於己；然而，一個能讓人民以為他擁有美德的君主，則能為自己創造優勢。

君主必須做好順應命運潮流、事態變化的心理準備。如前所述，君主應盡量避免脫離正軌，但必要時還是得走上歹途。（第十八章）

對馬基維利而言，君主應以維持國家健全為最優先。

隨著事態變化，美德也有可能變成缺點。

即便你覺得自己是個好人，也沒有必要四處宣傳，又或是「堅持」當個好人。

所謂的「正確答案」是依情況而定。

君主必須勇於應變，冥頑不靈只會自掘墳墓。

均衡滿足眾人期望

前面說到，君主要有「不幸負民眾期望」的本事。

在回應民眾的期望時，最忌諱的就是「不均」。

假設你面對三種勢力，卻只獲得其中一派的支持，那麼剩下的兩個勢力，一定會對你的統治大為不滿。

若放任不滿的情緒高漲，最後肯定會對王權造成威脅。

我們的「霸權」是由眾多人物（或集團）的期望所構成。

像是公司高層、股東、幹部、員工、市場的消費者等。

如果你是在辦公室裡工作，則是上司、下屬、同事，以及周遭的所有人。

這些人為你所影響，各自也都對你有所期許。

身為君主，必須均衡地滿足他們的需求，才能穩定自己的權勢。

他（指奧里略大帝）為人所尊敬，集眾多美德於一身。在他的生涯當中，一直將雙方（指士兵和平民）的勢力控制在一定範圍內，所以從未招致人民怨恨，又或是被人民鄙視。（第十九章）

君主若無法維持勢力平衡，一定會引來某方的不滿，導致權勢岌岌可危。均衡滿足各方勢力的期望，除了有助於鞏固王位，還可牽制其他勢力。一個受眾多部下擁戴的上司，自然能夠成為公司不可或缺的人物。一個廣受支持的高層，地位自然能夠屹立不搖。

重點 4

盛世皇帝與沒落皇帝的差別

有權力沒實力＝不得善終

《君主論》第十九章介紹了幾位歷史上的統治者。
該章描述了十一名古羅馬皇帝的結局。
馬基維利將這些皇帝分類為三種性質——謙虛、冷酷、優柔寡斷。
下方標註（○）的皇帝，意指榮耀而終。
下方標註（×）的皇帝，王位坐到一半就面臨了悲慘的命運。

【謙虛仁厚】

- 奧里略（Marcus Aurelius）（○）
- 佩蒂納克斯（Publius Helvius Pertinax）（×）
- 尤利安（Flavius Claudius Julianus）（Flavius Claudius Julianus）（×）
- 亞歷山大（Alessandro Magno）（×）

【冷酷殘暴】

- 康茂德（Lucius Aurelius Commodus Antoninus）（×）
- 塞維魯（Septimius Severus）（○）
- 卡拉卡拉（Antoninus Caracalla）（×）
- 馬克西米努斯（Gaius Valerius Galerius Maximinus）（×）

【因優柔寡斷而遭人民鄙視】

- 尤利安（Flavius Claudius Julianus）（×）
- 馬克里努斯（Marcus Opellius Macrinus）（×）

• 埃拉伽巴路斯（Elagabalus）（×）

十一位皇帝中，只有奧里略和塞維魯是「○」。

其他不是被士兵，就是被禁軍暗殺。

這十一名皇帝在位時，正好是羅馬帝國最混亂的時期。

而這段時期，只有兩名皇帝能保全地位。

為什麼他們能平安度過亂世呢？

謙虛仁厚、慈悲心腸的人難以成事

馬基維利舉了四名皇帝做為「謙虛仁厚」的例子。這四名皇帝中，除了奧里略之外，其他全都因為過於慈悲而自掘墳墓，遭人暗殺。

○佩蒂納克斯
○尤利安
○亞歷山大

士兵在康茂德大帝時代散漫成性，非常受不了佩蒂納克斯要他們認真過活，因而對他心生怨恨。再加上佩蒂納克斯年老力衰，更讓士兵對他視如草芥，導致他才剛登基，政權就垮台了。

然而，士兵卻瞧不起他（指亞歷山大）是個婦人之仁、聽母親意見執政的人。終於，他在一次軍隊的叛亂中遭人虐殺。（第十九章）

佩蒂納克斯為何才登基就栽跟斗了呢？

因為軍隊勢力太過強大，再加上他忽略士兵「散漫成性」的問題，甫登基就急著將自己的理想加諸在他們身上。

反觀亞歷山大，則是太過軟弱。

他不夠果決，導致被軍隊鄙視。

最後甚至因此丟了性命。

尤利安則是因為「膽小」而遭禍。

這三個皇帝都是「好人」，卻不是「好君主」。

他們沒有考慮到繼位前的國情，再加上意志不夠堅定，導致無法發揮領導能力。

雖然身為君主，卻沒有君主該有的果敢剛毅。

唯有奧里略例外，他一生享盡榮華直到死去。因為奧里略是根據世襲法繼承王位，無須獲得軍隊或人民的認可。

他為人所尊敬，集眾多美德於一身。在他的生涯當中，一直將雙方（指士兵和平民）的勢力控制在一定範圍內，所以從未招致人民怨恨，又或是被人民鄙視。（第十九章）

君主和平民、士兵、貴族，並非朋友關係。

為了維持霸權，君主必須以高姿態面對這些人。

太過「親和」會使某個勢力增長，招致其他勢力對王權的不滿。

謙虛仁慈對普通人而言，確實是值得稱讚的美德。

然而，對一個想要保全自身地位的君主而言，一味放軟身段反而會適得其反。

暴君塞維魯為何能保全帝位？

馬基維利舉了三個因暴政而失敗的例子——康茂德、卡拉卡拉，以及馬克西米努斯。

你會發現這些人都一樣，既殘暴不仁又貪得無厭。為了滿足軍人的需求，他們對百姓肆虐欺壓，無所不用其極。除了塞維魯之外，他們的晚景都極其淒涼。

康茂德是奧里略之子，因他是以世襲的方式繼承帝位，若他能循著父親的足跡前進，要保住地位其實非常簡單。（中略）然而，他的心卻如野獸一般殘忍。

他做出許多有違皇帝品格的卑劣行為，漸漸地，士兵開始鄙視他，對他心生怨恨，終至遭人暗算殺害。（第十九章）

馬克西米努斯是個缺乏決心與行動力的暴君。

他曾經是個牧羊人，出身卑賤不說，前往羅馬繼承王位時，不但太晚動身，還沿路燒殺擄掠，導致人民、士兵不是鄙視他，就是對他心懷恨意。

當時羅馬正苦於攻堅敵國，士兵早已疲憊不堪，再加上反對皇帝的勢力多如牛毛，軍隊對他早已失去了敬畏之心。

種種因素下，馬克西米努斯最後成了士兵的刀下亡魂。

馬基維利在《君主論》中還暗示了一件事。

暴君應避免在軍隊勢力如日中天時，對軍隊「阿諛奉承」。

因為這麼做，會讓軍隊發現自己是皇帝唯一的支柱。

若同時皇帝又被平民、貴族所厭惡，會發生什麼事呢？

想當然耳，軍隊會開始鄙視皇帝。

因為他們知道皇帝只能倚仗軍隊的威勢，沒有其他可以依靠的對象。

這麼一來，皇帝總有一天必須鎮壓漸長的軍隊勢力。

這時又會發生什麼事呢？

軍隊見到皇帝不得民心，一定會落井下石，趁機反叛。

這也是馬基維利再三強調「勢力平衡」的原因。

只要能平均獲得平民、貴族、士兵的支持，他們就能互相制衡，發揮抑制反叛力量的效果。

那麼，塞維魯是如何靠「暴政」全身而退的呢？

> 我們可以發現，塞維魯是頭兇猛至極的獅子，同時也是隻狡猾無比的狐狸，他並未遭到士兵的怨恨，且所有人都敬畏他。（中略）他對人民強取豪奪的行為所招致的怨恨，全都被崇高的聲譽給抵銷了。（第十九章）

塞維魯在殘暴不仁之餘，小心翼翼地不得罪軍隊。
在士兵一片支持的聲浪下，人民才無法「見縫插針」。

不願做主、逃避責任的人，不配成為君主

對君主而言，最不可取的就是「優柔寡斷」。

馬基維利僅用一段話就評論完尤利安、馬克里努斯、埃拉伽巴路斯三位皇帝，完全不想多浪費篇幅在他們身上。

至於埃拉伽巴路斯、馬克里努斯、尤利安等輩我就不多說了。像他們這種為人所鄙之徒，很快就被肅清了。（第十九章）

優柔寡斷、躊躇不前是逃避責任的行為。

很多君主以為只要不做決定，就無須負起責任。

但是，誰又會敬重這樣的君主呢？

一個沒有主見的上位者，在下屬眼裡就是不負責任的昏君。
君主的功能當為領導國家，做民眾、士兵無法做的決策。
沒錯，決策確實伴隨著責任。
但為人君主，就一定要勇於扛起重責大任。

優柔寡斷、避重就輕是君主的致命傷。
馬基維利認為，這種皇帝根本沒有一提的價值，也不配稱為君主。

第四章

培養高自尊的鋼鐵精神

第四章要分析打造霸權的要素——「人」與「時間」，教你如何操控人心。

重點 1

君主該如何與部下相處？

槍口對外不對內

君主有內憂也有外患。

在中世紀（西元五至十五世紀）時，外患是指他國的武裝勢力，內憂是指平民或貴族的叛亂。

換作現代，外患成了競爭對手和環境變遷，內憂則是幹部、員工的反彈和分裂。

因此，君主必須有所準備，以防臣民叛亂等不時之需。馬基維利在書中是以古時君主蓋堡壘為例——

古時君主習慣建蓋堡壘以提升國家安全。這些堡壘不但對意圖反叛之人有懸崖勒馬的作用，還能做為遭人突襲時的安全避難所。（第二十章）

不過，有些君主卻為了「防止民眾叛亂」而拆除堡壘。這又是為什麼呢？

烏爾比諾公爵圭多．巴爾多（Guidobaldo da Montefeltro）曾被切薩雷．波吉亞逐出領地。他重回舊土後，立刻將該地城池夷為平地。因為他認為，只要拆除這些堡壘，就不用擔心領地再次被人奪走。班提佛

格里歐（Bentivoglio）家族回到波隆那時，也採取了同樣的策略。（第二十章）

馬基維利在書中某些部分贊同君主「建築堡壘以防民眾叛亂」的行為。但同時，他也使用獨特的嘲諷筆法，告訴大家在某些情況下，建築堡壘其實是沒有意義的。

相較於外國勢力，倘若君主更提防自家國民，就應該建蓋堡壘。反之，相較於自家國民，若君主更提防外國勢力，就應該放棄築城。（第二十章）

當一個君主對國民有防備之心，他會做出什麼行為呢？

就現代而言，這裡的「建蓋堡壘」就有如公司嚴厲規範員工。

有些公司甚至會對違規員工提出告訴。
然而，這並無法解決所有問題。
在這個時代，商場環境日新月異。
每個公司都有外敵，也就是競爭對手。

馬基維利認為，如果你想提防外敵，就千萬不要建蓋堡壘。
因為這麼做會打擊士氣，等同將槍口對內，與員工為敵。
即便員工不敢出聲反抗，工作意願也會隨之降低。
我們要做的，是與員工槍口一致對外，培養對抗外敵的戰鬥力。

最優質的堡壘就是「人民的愛戴」。為什麼呢？因為一旦招致民眾的怨恨，再堅固的堡壘都救不了你。當人民憤而起義，其他國家一定會趁機幫助他們。（第二十章）

這裡並不是要君主縱容人民（下屬）。
而是要你設法獲得人民的愛戴，與他們團結對外。
取得下屬的支持，上下一心，共體時艱。
馬基維利認為，「當人民憤而起義，其他國家一定會趁機幫助他們」。
換作現代，員工一旦對公司心存不滿，就有可能跳槽到敵對公司。
嚴格規範員工或許能解決內部問題，卻無法消除外部問題（競爭對手）。
若老闆無法激起員工團結抗敵之心，公司又怎麼強盛得起來呢？

不滿只會激發新的不滿

馬基維利表示，君主必須摸透支持者的「動機」。你的支持者為什麼肯為你做事？是基於正面的因素嗎？還是只是因為不滿前任君主（以前待的公司）呢？

> 如果人民支持你，不是基於對新君主的敬慕，而是對舊政府的不滿，那麼你必得費盡千辛萬苦才能將他們收入旗下。為什麼呢？因為新君主一定也無法滿足這些人的期望。（第二十章）

一群嫌棄舊政府的人民，即便擁戴了新君主，最後也會因為舊事重演導致不歡而散。

要滿足這些「好高騖遠」的人，基本上是不可能的。
因不滿而推翻舊政府的人民，十之八九也會對新政府抱怨連連。
跳槽族大多在職場上待不久，找到新東家就安定下來的，可說是少之又少。
覺得新公司條件不如前，而不停地換工作。
我想，真正促使他們換工作的，不是新公司不優異的條件，而是心中滿滿的怨氣。
所以，即便跳槽到別的公司，他們也無法完全「消氣」。

一是因不滿舊政權而向新君主示好、協助新王征服領土的人；二是因支持舊政權而仇視新君主的人——拉攏後者要比拉攏前者簡單多了。

（第二十章）

為什麼後者，也就是擁戴舊政權、在組織中擔任要角的人較容易拉攏呢？

因為這些人都是求好心切，一心希望組織能順利運作。

既然他們看得見舊政權好的一面，之後一定也會看到新政權的優點，進而臣服於新政權。

糖果與鞭子拿捏得當，輕而易舉掌握人心

馬基維利在書中強調了君主選對書記官的重要性。他表示，一個君主的能力高低，看他選的書記官就知道。選人得當與否、得能臣還是庸才，全在君主一念之間。

> 君主是聰明還是愚鈍，看他的左右臂膀就知道。若身邊的人能力超群且盡忠職守，代表他一定是個明君。不但有識人之才，還有使人為之效忠的特質。（第二十二章）

書記官的無能則反映出君主的愚蠢。顯示他是個識人不清、優劣不分的庸主。

馬基維利將人的頭腦分為三種類型——

○自力思考型

○能激發他人才幹，並自行判斷是非善惡型

○無法自力思考、也無法激發他人才幹型

要臣下對你盡忠，至少也要符合第二項條件。

君主本身若沒有獨創性，就必須設法激發他人的創意。

這時應該要怎麼做呢？

一個人即便缺乏創意，也不可缺乏判斷是非善惡的能力。君主面對宰相，必須獎其善，勸其惡。這麼一來，宰相才會行端坐正，不敢萌生欺君之心。（第二十二章）

君主應嚴厲檢視書記官的言行。

當然，不只對書記官，君主對任何臣子都應這麼做。

這段話告訴我們，君主用人時，必須正確判別臣子的言行善惡，並明確做出表態。

這麼做除了能讓他們明白哪些行為會受你褒獎、哪些行為會受你批評，還具有警告作用，讓對方知道：君主耳聰目明，隨時盯著臣子的一言一行。

上述三種頭腦類型，最不可取的就是「無法自力思考、也無法激發他人才幹型」。

也就是有功不賞、有錯不罰的人。

這麼做不但會剝奪臣子思考的機會，還會讓他們發現君主的不用心。

這麼一來，臣子不恪守本分也只是剛好而已。

躊躇不前為君主大忌，賞罰分明才是王道

下屬立大功時，是君主展現自我存在感的大好機會。「賞罰分明」是君主用來「示威」的重要手法。建議各位，這時可在眾人面前大力表揚下屬的功績。相反的，當下屬做錯事時，也必須給予公正嚴明的懲罰，藉此堵住悠悠之口，讓別人「無話可說」。

君主在處理內政時，應強調自己空前絕後、獨一無二的特質，這對施政將大有幫助。米蘭的貝爾納博·維斯康提（Bernabò Visconti）公爵就是個很好的例子。每當有人做出異常行為，無論好壞，他都會故意提出非常特別的獎懲方式，好讓世人議論他。（第二十一章）

二十世紀最出色的經營者之一——奇異公司（General Electric，簡稱ＧＥ）前執行長傑克．威爾許（Jack Welch）也說過類似的話：「演講時我都會問聽眾：『你們成功時會大肆慶祝嗎？』每次回答『會』的人大約都只有一成。這實在是太可惜了！慶祝勝利，可是拉攏人心的超有效方法。」（傑克．威爾許著《致勝的答案：威爾許為你解開74個事業難題》〔*Winning: The Answers: Confronting 74 of the Toughest Questions in Business Today*〕）

賞罰分明是君主的責任，也是義務。

有功則賞，給認真的人該有的回報，他們才會心甘情願替你工作。

相對的，有錯不罰，則會引發雙重負面效果。

一方面會使認真工作的人深感不值，還會讓下屬質疑君主的統帥能力。

請容我再強調一次：「公正嚴明的獎懲」是君主向臣民示威的大好時機。

高調褒獎有功之人

獎懲是君主不可或缺的統治工具。

君主必須讓大家知道，表現優秀的人會特別獲得獎賞。

這麼一來，其他人也會努力跟進。

君主必須「重用實力堅強的人」，褒揚才華出眾的人，讓眾人知道自己特別賞識傑出的能者。（中略）對胸懷大志，設法興盛城市、國家之人論功行賞。（第二十一章）

簡而言之，就是讓大家知道，君主特別賞識那些功勳卓著、胸懷抱負、對集團有所貢獻的人。

大家都想當下一個被稱讚的人，組織才會更加繁榮興盛。
這一點非常重要，還請各位務必銘記在心。

重點 2

君主如何得到諫言忠臣，避開諂媚小人？

看清馬屁精的真面目

馬基維利認為，滿口阿諛奉承的小人是非常棘手的人物。這些人將君主玩弄於股掌之間，是心懷不軌的壞事者。

在這裡，我要嚴正提醒各位一項君主常見的失職問題——倘若君主本身並不夠精明又或是識人不清，很容易就會受到宮廷奸佞小人的迷惑。（第二十三章）

從「失職」兩個字我們可以發現，《君主論》將奸臣視為君主的重大威脅。
馬基維利接著強調，要擺脫這樣的「馬屁精」簡直是不可能的任務。

人總是習慣自欺欺人，幾杯迷湯下肚就得意忘形，進而陷入瘟疫之禍。更可怕的是，遠離瘟疫，還有可能遭人蔑視。（第二十三章）

是人，都想要獲得肯定、受到稱讚。
喜歡聽好話是人之常情。
尤其君主因站在風頭上，經常得面對各界的嚴厲批判，自然更渴望得到他人的頌揚。
於是在不知不覺中，他們開始聽信讒言，放任小人為所欲為。
事實上，這些馬屁精都心懷不軌，別有所圖。

他們真正的目的是操控君主，引誘君主做出對他們有利的決策。

馬基維利認為，這種人對君主而言無疑是一種威脅。

不想淪為「失職」的君主嗎？快對這些小人敬而遠之吧！

遠離「異己」＝自掘墳墓

對君主百依百順、唯命是從的人，又叫做「應聲蟲」。

這種人無疑是種禍害。

因為他們會引誘君主遠離忠臣，導致無人願意指正君主的錯誤。

放眼現代商界你會發現，長期掌權者的身邊都充滿了應聲蟲。

這些掌權者在商場上屢創佳績，進而變得傲慢自負，唯我獨尊。

於是，他們開始遠離與自己意見不合，也就是願意「說真話」的員工。

久而久之，便成了《國王的新衣》中的國王。

中國古代曾發生過這麼一個故事——

一名高傲的皇帝，非常寵信一名滿口諂媚的心腹大臣。

然而這位心腹，卻暗地策劃要謀朝篡位。

有一天，他終於發起叛變，帶兵包圍皇城。

皇帝氣憤地質問身邊的親信：「事已至此，爾等為何從未警告過朕？」

只見親信支支吾吾地回答：「正因為未曾提醒聖上，臣等才能如願侍奉聖上身邊。」

這個故事告訴我們，人若一味遠離「異己」，不願聆聽與自己不同的意見，最後只有死路一條。

公布計畫前先廣納雅言

然而，如果一個君主為了保持耳根子清靜而採取「不公開」政策，一切在檯面下進行，又會發生什麼事呢？

馬基維利認為，這並非明智之舉。

在處理大型計畫時，應事前諮詢各方意見。

這位皇帝守口如瓶，從不洩漏自己的計畫，也不諮詢任何人的意見。待計畫公諸於世，世人開始議論紛紛、提出反對意見時，這位我行我素的皇帝就會二話不說，撤銷計畫。

如此朝令夕改，搞得大家一頭霧水，誰也不知道他到底有何目的、做何打算。久而久之，世人就不把皇帝的詔令當一回事了。（第二十三章）

未廣納各界意見的計畫，簡直不堪一擊。這樣的計畫破綻百出，最後只有一種下場——「見光死」。幾次下來，誰還願意相信君主所籌劃的大業呢？

在計畫的訂定階段，君主必須設法接受公評，吸收客觀意見，進行調整改進。

唯有這麼做，才能在計畫公布後受到世人的稱讚。

任用賢才當「顧問」

馬基維利表示，聽真話的度量和君主的威嚴是互相牴觸的。因此，君主無論聽不聽他人意見，都會引發某些問題。

> 要免於被奉承之語蒙蔽雙眼，就必須讓人知道，即便對你據實以告，你也不會發怒。然而麻煩的是，如果每個人都能對你暢所欲言，對你的敬意也會因此灰飛煙滅。（第二十三章）

若任何人都能向君主陳述己見，君主將威嚴盡失。但我們又不能完全不聽取他人意見。這時該怎麼辦呢？馬基維利幫君主想了第三種方法——

一位深思熟慮的君主應選擇第三種方法。那就是在國內選賢任能，特別賜予他們「說真話」的權利。而且他們只能有問必答，不能擅作主張。

君主處理任何事情都必須徵詢他們的意見，再依自己的想法做出最後決定。並用行動向他們證明，愈是直言不諱，愈能獲得君主喜愛。

（第二十三章）

這個方法相當特別。

廣納意見將有損君主威嚴，倘若任何人都能對君主暢所欲言，很可能會亂了上下尊卑。

然而，若朝政淪為一言堂，君主又可能會因為「失職」而身敗名裂。

若想避免上述兩種風險，馬基維利提出的「第三種方法」將是你最好的選擇。

不任用言聽計從的「蠢蛋」

在選擇顧問時，君主很容易犯下一個錯誤。

那就是優先任用跟自己「合得來」的人，將「好不好相處」、「好不好操控」做為用人基準。

這其實是有盲點的。

這麼做根本就是本末倒置，因為個性好，不代表能力好。

那麼，君主要如何選擇顧問呢？

君主應優先提拔能力特別出色的人，再想辦法和這些人好好相處。

很多人以為明君之所以為明君，是因為有賢臣輔助，而非本人睿智，這很明顯是錯誤的想法。（中略）君主本身若非英明之人，是不可能聽取他人意見的。（第二十三章）

看到這裡一定有人心想，難道不能先選擇好相處的人，再將對方訓練成出色的人物嗎？

這簡直是不可能的任務。

首先，要改變一個人並不簡單。

如果君主還得費盡心思訓練臣子，不就失去任用顧問的意義了嗎？

因此，先選拔優秀賢臣，再學習如何與賢臣相處，才是最好的方法。

就這一點而言，商場也是同樣道理。

我們應選擇優秀的合作對象，再找出最適合彼此的合作模式。

唯有依照能力選用人才，才能避免不必要的麻煩。

營造正確氣氛，讓顧問於必要時「大膽開口」

君主必須聆聽各種意見。

但只有在君主「想要尋求意見」的時候。

放任臣子暢所欲言，並非明智之舉。

馬基維利認為，這麼做會使臣子產生僭越之心。

一個不夠睿智的君主，若向太多人徵詢意見，最後，只會變得人多口雜、各持己見。因為他不知道該如何去蕪存菁、彙整成形。（第二十三章）

要解決這類問題，君主一定要做好顧問的「品質管理」。

所謂的品質管理，是設法讓顧問平時不妄作批評，只在君主主動詢問時「大膽開口」。

只要下點工夫，要做到這一點並不難。

> 要知道，是君主之智創造精闢建言，而非精闢建言創造君主之智。君主只能聽取這些人的意見，一旦做出決定就堅守到底、貫徹始終。若不這麼做，君主將因用人不善而垮台，淪為人云亦云、亦步亦趨之徒，名聲一落千丈。（第二十三章）

君主必須靠智慧選任顧問。

並同樣靠智慧促使顧問為己效命。

只要夠睿智，一切都在君主的掌控之中。

但要注意的是，這裡的「掌控」並非「打壓」。

而是運用智慧，讓顧問於必要時「肆無忌憚」地提供意見、批評朝政，以獲得最大效益。

重點 3

君主時間運用術

耐心等待，迅速決斷

馬基維利在《君主論》中暗示道，君主的時間觀念必須有別於一般平民。

平民思考如何有效運用一天二十四小時；君主則綢繆如何掌握機會鞏固地位。

對平民而言，時間就是金錢；對君主而言，時間就是權力。

兩者就連運用時間的「目的」都大相逕庭。

年輕君主為了爭取自我地位，必須一邊鞏固政權，一邊向目標前進。

《君主論》提出了時間的五大運用原則。

①幫他人解決困頓和煩惱
②幫集團發聲，建立後盾
③靜待貴族或平民習慣新政權
④抓緊時機，拉攏人心
⑤凡事以結果為考量

第一點和第二點是提醒各位抓緊時機、把握機會。

當別人陷入逆境，就是你提升地位的大好時機。

這時若能提出良策、協助對方解決困難，也許就能獲得相對的報酬。

比方說，若能在公司遇到經營困難時，發揮專業能力，協助公司度過危機，升官發財絕對不是問題。

當集團間意見不合時，通常需要口齒伶俐之人為他們發聲。

若你能憑著三寸不爛之舌將事情「擺平」，自然能得到集團的支持。

此外，君主必須善用「等待」的力量。

新君上位時，常會抱著「下馬威」的心態大興改革。

然而，一切若來得太快、太突然，人民很可能會因為不習慣新的統治方式而萌生反抗之心。

如果你年紀輕輕就接掌了公司龍頭之位，又或是受人提拔，一躍成為前輩的上司。

請你務必收起鋒芒，耐心等待，直到大家都習慣你的領導方式為止。

至於第五點的「凡事以結果為考量」，我們在第一章已經說明過了，這裡再稍微複習一下。

我們必須從整體做考量，有些事情看似美德，做了卻是自尋死路。相反的，有些事情看似惡行，做了卻會帶來安定與繁榮。（第十五章）

對此，馬基維利舉了個經典的例子——「大方」與「小氣」。

出手闊綽確實能讓你獲得美評。

但這只是短暫的假象，若是長期逞強裝闊，只會傷害更多的人。

有時候，慈悲心腸反而會搞砸事情。

有時候，溫柔體貼反而會剝奪對方成長的機會。

凡事要三思而後行，短視近利只會害人做出錯誤的決定。

舉例來說，嚴厲指導下屬，可能會讓你成為討人厭的上司。

然而，這一切都是暫時的。

十年後，當他們已能獨當一面，想起昔日的諄諄教誨時，他們會發現自己最該感謝的人，是你。

打鐵趁熱，於權力高峰時放手改革

接下來要談的是第四點，「抓緊時機，拉攏人心」。

有時候，君主必須殺伐決斷。

一鼓作氣改革組織，又或是在公司陷入經營困境時，毅然決然做出裁員的決定。

裁員是誰也不願見到的結果，但若不犧牲某些人，將導致整個組織走向滅亡。

君主必須在力量最大時，毫不猶豫地進行革新。

新君主國的人民因相信下一個君主會更好，所以都非常期待改朝換代，（中略）然而，這一切都只是人民的一廂情願，實際經歷過後，他們才發現自己過得比以前還不如。（第三章）

當企業因經營不善而換老闆時，員工無一不是滿心期待。

然而，這樣的期待大多只能維持半年。

前半年是新君主「大展身手」的黃金時期，也是呼聲最高、影響力最強的時候。

因此，君主應選在這段期間推行最困難的改革，若能做出成果，臣民就會對你另眼相看。

相反的，若無法在這半年間有所作為，下個半年就會非常辛苦。

黃金時期一過，臣民就會對新政權感到厭煩，並希望君主不要再繼續推動新政，以免惹事生非。

若在這個時間點發布重大改革，可就要小心地位不保了！

君主應打鐵趁熱。

比方說，在新人最「菜」的時候幫他打好基礎。

開發新客戶後，於第一時間進行溝通。

趁著新婚的甜蜜，訂下夫妻守則。

當然，影響力是有起伏的，過了初期，仍能再創高峰。

你也可以在業績慶功宴上公布下一期的新高目標。

身為君主，我們必須抓緊時機發揮影響力，隨時為下個成功做準備。

即時對應問題，快速提供協助

馬基維利在《君主論》中強調，君主應住在新領地的附近。距離領地太遠，發生什麼事都無法立刻處理。若君主無法即時解決領地上的問題，領地總有一天會遭人霸占。

假使土耳其的君主並未遷居，光憑其他政策是絕對無法保住新領地的。（中略）如果不住在當地，當聽到什麼暴動的消息時，事情通常都已經發展到難以收拾的地步。（第三章）

遠水救不了近火。

臣民怎麼肯服從一個無法即時提供協助的君主？

唯有能夠快速解決問題的上司，才能獲得下屬的信賴與尊重。

如果下屬向你尋求協助，你卻毫無反應、慢條斯理不肯處理，只會大幅降低你在下屬心中的地位。

> 臣民也會因隨時能夠求助於君主而感到安心。（中略）因此，想要篡奪這個國家，可說是難上加難。（第三章）

看到這裡一定有人心想，上司平時忙得不可開交，怎麼可能即時對應所有問題？

沒錯，但事有輕重緩急，上司可以優先處理最要緊的事情。

發生問題時，君主「親臨現場」是非常有效的。

其實，現代的君主不用住在公司附近。

因為現在不但交通發達，還有各種聯絡方式。

重點在於以最快的速度處理緊急狀況。

君主親臨問題現場，其實是一種霸權的象徵。

於公於私皆是如此。

最愛的人遇到困難時，你能否第一時間對他伸出援手？

親朋好友需要幫忙時，你在他身邊嗎？

君主運用時間的精髓，就在於「速度」和「距離」的拿捏，也就是在臣民真正需要幫助時陪在他們身邊，迅速做出應對。

時間不會沖淡一切

人常道「時間會沖淡一切」。

但君主一定要具備一個觀念，那就是「時間不會沖淡一切」。

馬基維利在書中三番兩次強調，「遭人怨恨」是君主大忌。

因為別人對你的恨意永遠不會消失，換句話說，他們會扯你一輩子的後腿。

想要成為君主，千萬要留心這一點。

記住，地位崇高的人通常都很小心眼。

馬基維利在《君主論》中，對與他生在同時代的切薩雷．波吉亞讚譽有加。

切薩雷抱持著想要統一義大利的雄心壯志。

他是教宗亞歷山大六世（Pope Alexander VI）之子，也是擴張教宗國領土的英雄人物。

然而，父親去世後，切薩雷卻面臨了悲慘的命運。

他因擁戴一名記恨他的人成為教宗，進而走上破滅之路。

> 若你以為那些大人物領受新恩就會遺忘舊恨，可就大錯特錯了。切薩雷公爵在這次選舉中就是犯了這個錯誤，最終才導致滅亡。（第七章）

切薩雷臥病在床時，曾和他父親爭奪教宗之位的儒略二世（Pope Julius II）即位。

最後儒略二世背叛了切薩雷。

切薩雷擁戴他上位，他卻背信棄義，將切薩雷逮捕入獄。

為什麼呢？因為儒略二世忘不了當初敗給切薩雷父親的恥辱。

有時候，仇恨可以積壓在人的心中很久很久，直到永遠。

馬基維利在書中針對「仇恨」提出了兩個建議——

○君主應盡量不與民眾結仇
○倘若遭人怨恨，無論過了多久，都不可重用「仇家」

身為君主一定要有防人之心，畢竟有些人記恨會記上一輩子。

相反的，如果今天你得罪了君主（上司），又該怎麼辦呢？

建議你不要傻等對方「消氣解恨」，必要時甚至該考慮是否要離職。

如果倒楣遇到愛記恨又小心眼的上司，小心一輩子都無法出人頭地。

活到老，學到老

無論你能力多麼優秀，都有可能會輸給時間與惰性。
大多數人做事都經不起時間的考驗。
日子一久就心生怠惰，淪為庸碌無能之人。
然而，君主可不能如此。
君主一旦懈怠，地位和領土就會落入他人之手。

法王路易十一（Louis XI）之父查理七世（Charles VII）憑著自己的幸運與力量，解救法國脫離英軍魔掌。之後他因意識到法國應該組成自家軍隊，在國內推行騎兵和步兵的軍隊制度。然而，他的兒子路易十一繼位後卻廢除了自家步兵，改用瑞士傭兵。（第十三章）

路易十一的這個舉動為法國帶來了危機。步兵廢除後，法國陷入沒有瑞士傭兵就無法作戰的狀態。法國騎兵開始依賴瑞士傭兵，覺得自己沒有傭兵的幫助就打不了勝仗。查理七世好武，他的兒子卻拱手讓權，這無疑是一種作繭自縛的怠惰行為。

觀察後你會發現，羅馬帝國之所以會滅亡，最早起因於招募哥德傭兵。從那時開始，羅馬帝國的國力便日漸衰微，羅馬人不再勇猛強悍，其武力全由哥德族取而代之。（第十三章）

人會隨著時間而自甘墮落。怠惰會使人失去權力，節節落敗。除了個人的怠惰，隔代的怠惰也是如此。

想要保住你現在的地位嗎？

馬基維利強調，君主必須持之以恆，堅持到底。

唯有保持實力、精益求精，才能鞏固霸權，保住龍位。

無論時間如何流逝，都要持續磨練自我，持續渴求權力。

化時間為實力。

第五章

正確掌握命運，巧妙操控人心

馬基維利心中最理想的君主是什麼模樣呢？讓第五章告訴你！今時今日，世人依舊期盼能出現一位實力堅強、認真負責、足以讓他們美夢成真的君主。

重點 1

心懷正義，才有魅力

君主的榮耀、功能，以及「學惡」的必要性

《君主論》是一本相當冷酷的作品。

也因為這個原因，「馬基維利主義」成了後人「為達目的不擇手段」的代名詞。

然而，仔細讀完《君主論》你會發現，這本書其實暗藏著不同的層面。馬基維利表面上勸人行惡，實際上卻擁有滿腔正義。

他曾在一封信中留下這麼一段話——

那些沒有被歷史淘汰的國家，撇開英明偉大的領袖不談，一定都具有兩種施政特質——正義與國力。正義是為了不在國內樹敵，國力是為了抵抗外敵侵擾。（摘自《馬基維利語錄》一書）

這段話出自信件〈答覆麥地奇家族的提問：關於翡冷翠共和國的未來〉中的一節。

馬基維利說，正義與國力是維持國家安定的必備條件。

國家行使正義是為了不在國內樹敵。

商場行使正義則是為了讓公司上下一心，攜手達成共同目標。

京瓷榮譽董事長、曾幫助日本航空（JAL）東山再起的稻盛和夫先生，就曾在《稻盛和夫中小企業學：這樣做公司就會強》一書中提到，他經營公司的理念是「追求全體員工物質面與精神面的幸福」。

如前所述，馬基維利在《君主論》中對切薩雷．波吉亞歌頌了一番。
切薩雷因為父親教宗的身分而掌權。
之後他克服重重困難，大幅擴張教宗國的勢力。
他為了上位，有時甚至罔顧人情，費盡心機。

回顧切薩雷的一生，我認為他的所作所為無可非議。不僅如此，還非常值得推薦給那些倚靠別國武力上位的君主做為參考。（第七章）

生於翡冷翠的馬基維利，因祖國義大利四分五裂而深感痛心。
他最大的願望，就是義大利能出一位終結亂世的明君。
也因為這個原因，他非常欣賞切薩雷對正義的執著。
正義是為了滿足多數人的願望。

在組織內行使正義有凝聚向心力的效果。
每家公司、每個組織的成員，一定都有共通的憤慨與不滿。
建議各位可以利用這一點，大動作公布足以解決這些問題的目標。

一心想成為君主的你，是否也有著滿腔正義呢？
你的正義足以吸引群眾，讓人心甘情願為你而戰嗎？
馬基維利認為，君主為了維持國家繁榮可以不擇手段。
但前提是要有一顆充滿正義的心。

只有願意為集團行使正義的君主，才能使人真心跟隨。
切薩雷就是個很好的例子。
就連馬基維利都為他的正義理念深深著迷。

成就他人夢想，實現他人願望

本書所談的「正義」和一般的正義略有不同。

世人口中的正義是指倫理道德，也就是做正確的事。

馬基維利所說的「正義」是指實現多數人的願望、解決多數人的困難。

以公司為例——

身在職場，一定會對工作有所不滿與期待。

像是「明明這麼做比較好……」、「公司為什麼不那麼做？」等。

這時老闆或上司就可以設定一個優質的「共同目標」，設法解決這些「怨懟」。

馬基維利所說的「正義」是指「君主的正義」。

想成為在商場無往不利的商務人士嗎？請務必將這個觀念銘記在心！

保衛國土免於敵人侵略，
擅於攏絡人心，
憑著權謀取得勝利，
受民愛戴又為民所懼，
軍隊對君主唯命是從，心懷敬畏，
消滅對君主有害之輩，
改舊革新，
雷厲風行卻又彬彬有禮、心胸寬大、開朗豁達，
解散不忠誠的軍隊，自創新軍隊，
與各國王公貴族廣結善緣，讓他們不得不釋出善意，成為盟友，
又或是在萌生危害我國之心時，三思而後行。

如果你認為上述是統治新君主國不可或缺的條件，那麼他絕對是你最鮮明的範例。（第七章）

這些都是君主用來執行正義的方法。
上述的「他」，指的正是切薩雷。
要知道，地位不會自己找上門，而是要靠主動爭取。
因此，君主必須精益求精，日日努力不懈，強化威權。

有一點還請各位特別注意：君主的正義不是用來「討好」臣民的。
正義的目的在於實現組織成員的共同願望、消除他們的不滿。
君主不可將之無限上綱。
高薪，人人都愛。
但如果不顧公司財務狀況，胡亂幫員工加薪，問題可就大了！
試想，若一間公司不顧後果，只是一味討好員工，會發生什麼事呢？
公司將陷入無秩序狀態。

我們需要的不是這種本末倒置的方式，而是從體制下手，提升公司實力、創建優質制度、改善公司流程，讓公司「有辦法」給予員工理想的薪水。
一個優秀的君主必須發揮領導能力，向員工提出共同目標，促進公司上下團結一心，藉此消除員工的不滿。

這也是為什麼君主的「正義」看在他人眼裡是如此苛刻的原因。

為什麼嚴厲的君主反而能吸引部下為他拋頭顱、灑熱血呢？因為這些君主所提出的目標，都是為了幫助部下完成夢想、實現願望。所以部下即便咬牙忍受，也要支持他們完成大業。

君主想要確實掌權，必須設法讓自己成為臣民心中「不可或缺」的人物。也因為這個原因，君主才必須執行優質的正義。

當一個足以捍衛部下和公司的人

君主的「正義」必須因應領民的願望而生，內容可不能太過天馬行空。「正義」不是放縱，更非討好。而是為了實現遠大的目標，促進同胞團結一致。君主若能做到這一點，不但可以保護周遭的人，周遭的人也會反過來捍衛君主。

一個行為充滿力量的君主，比擁有古老血統的君主更能擄獲民心，與人民情誼相連。（中略）不，正確來說，君主只要不失職，都能吸引人民為他赴湯蹈火，在所不辭。（第二十四章）

君主不可縱容臣民。

馬基維利心目中理想的君主，必須深受他人的尊敬，還要能夠保民衛國。

他還主張，君主必須用盡各種權謀手段來安邦定國。

只行使「自以為」的正義是不夠的，即便你做對的事，大家也不一定肯買帳。

這種想法只會讓你「做正確的事，走失敗的路」。

我們不可一味沉浸在「正確」之中。

別忘了，正義不談「系統」和「追求效率」。

就這個層面而言，做正確的事，其實是在壓抑自己的欲望。

前面提到，京瓷榮譽董事長稻盛和夫的經營理念是「追求全體員工物質面與精神面的幸福」。

這並非他唯一的經營手法。

知名的「阿米巴經營」亦出自稻盛之手。

「阿米巴經營」採取的是部門個別核算制度，也就是說，在這個制度下，公司會有非常多的「組長」。

「阿米巴經營」的主要目的，是為了激起公司上下「改善業績」的欲望。為了達到目標，各組組長必須負起數字和業績的責任。

所謂優質的正義，必須能夠滿足大家的願望、解決大家的困難。

要做到這一點，只「出一張嘴」是絕對不夠的，還必須講究「嚴謹」和「效益」。

這時領袖就必須發揮統治能力，促進公司上下一心，共同對抗外敵。

《君主論》之所以會被冠上「惡書」的名號，就是因為它具有實事求是、雷厲風行的一面。

除此之外，君主在行使正義時，必須捫心自問幾件事情。

你夠「貪心」嗎？

為他人付出時，能像追求自我夢想一般投入嗎？能像滿足自我野心一般努力嗎？

馬基維利似乎發現了一件事——追求正義的君主，大多都缺乏骨氣。

因為他在書中不斷用「權勢」引誘君主。

坐擁江山、統治人民、受人敬重、一言九鼎……

「權勢」是如此可口，如此誘人。

如果我們能將對權勢的渴望用在「正義」上，將個人的欲望、野心和「正義」做結合，君主定能心懷鬥志，積極向目標邁進；人民必能克服困難，上下團結一心。

如此一來，君主才能在掌權之餘受到人民愛戴，甚至讓人民反過來捍衛你。

基於以上原因，君主個人對權力的「貪婪」，一定要和「正義」成正比！

重點 2

君主常勝秘訣：勇於自我改革

君主應學無止境

君主和庶民的「智慧」具有不同的意義。

一般所說的「智慧」是指聰明伶俐。

君主的「智慧」則是指實際行動、把握機會鞏固霸權、隨機應變、在一個以上的集團中取得平衡，以提升自我地位……等。

君主的處境非常特別，「智慧」當然也與一般人大相逕庭。

下述為馬基維利《論李維》的其中一節。

即便一個國家的優質領袖接班人後繼無力，也不一定會垮台。但如果連續兩代都是庸主，又非法國這種體制古老而健全的國家，政權是絕對維持不下去的。（摘自《馬基維利語錄》一書）

無論是歷史多麼悠久的老店、老品牌，一旦連出兩任庸主，公司都將變得岌岌可危。

如果是小型企業，上上任所付出的努力將全數化為烏有。

每家公司對君主的期許都不同。

君主背負著許多人的人生和生活，這些人的幸與不幸，全掌握在君主手中。

因此，身為一個君主，除了必須精進自己，更要學習如何指導他人。

尤其要用心培養繼承人。

因為繼承人的資質優劣非常重要，他的表現將決定王國的未來盛衰。

求人不如求己

馬基維利說，君主要靠自己。
只有愚蠢的人，才會期待他人為你創造奇蹟。
幸運不是天天有，而且，若非親力親為，又要如何創造下一個奇蹟呢？

他們心存一絲希望，期待人民有一天受不了新君主的暴行，回頭擁戴自己上位。（中略）這些人是標準的求人不求己，一味等待他人援助而自甘墮落。更何況，根本不會有人對他們伸出援手。

即便有人出手相救，也並非基於你的主動，而是基於你的懦弱。這不是個安全的做法。唯有靠自己保護自己，才是最可靠、最持久的。

（第二十四章）

幸運只會降臨在主動接近它的人身上。

十六世紀，有個名叫埃爾南·柯爾特斯（Hernán Cortés）的西班牙人征服了阿茲特克帝國。

他的父親是個落魄的貧窮貴族，於大航海時代遷居古巴。

後來古巴總督委拉斯克斯（Diego Velázquez de Cuéllar）組了一支南美大陸探險隊，並任命柯爾特斯擔任第二任探險隊長。

事實上，柯爾特斯當上隊長，並非全靠運氣。

委拉斯克斯在決定隊長人選前，曾詢問兩個人的意見。

柯爾特斯在暗中賄賂他們，請他們為自己美言。

也就是說，他巧妙地召喚了幸運，最後如願獲得地位。

不知道的人，還以為他是走運呢！

當時柯爾特斯只是個沒有社經地位的窮小子。

他利用當上隊長的良機，成功征服阿茲特克，成為一名大富翁。

柯爾特斯看似幸運寵兒，殊不知，這其實是他自己「創造」出的好運氣。

地位、工作、財富是「幸運」的指標，也是許多人所追求的目標。

然而，幸運是不會憑空降臨的。

君主的部下眾多。

如果君主不主動化解危機，而是置之不理、靜待良機降臨，會發生什麼事呢？

無論你有再多的部下，最終都會棄你而去。

君主必須「創造」幸運，主動迎擊，避免落入險境。

只有蠢貨才會一味依賴他人，那不但無法抓住幸運，還會使自己深陷不幸。

兵來將擋，水來土掩

馬基維利在《君主論》的最後談論命運。

他認為，命運雖然有如濁水急流，但只要有所防備，還是能有效減少傷害。

相反的，如果毫無準備，面對霉運，你就只能逆來順受。

此外，他將命運分為「純粹的命運」和「時勢」。

「命運」＝幸與不幸。來勢兇猛，常令人措手不及

「時勢」＝世間潮流和趨勢

世上的確有「純粹的不幸」，也就是完全不可預期的意外與噩運。

然而，大部分悲劇性的命運都不屬於這種類型，而是因為誤判時勢所引起。

君主若把一切都交給命運，一旦命運出現變數，政權也會跟著垮台。唯有願意配合時勢、調整做法的君主，才能迎向成功，但相對的，不合時宜的做法則會引發不幸。（第二十五章）

如果一個人因做法「正好」符合時勢而成功，當時代出現變化，他就要小心了。

若無法正確掌握變數，等於是自行脫離成功的軌道，轉往悲劇前進。

「純粹的不幸」和「因不懂變通而造成的不幸」是兩回事。

當你在感嘆自己的不走運時，請想想——

那真的是運氣的問題嗎？還是因為你太過狂妄而造成的呢？

那是無法預測的悲劇，還是能夠避免的悲劇呢？

面對前者，你必須有所防備。

面對後者，你需要隨機應變。

你要因堅持自我而輸？還是因改變自我而贏？

君主的處境非常特別，不可全憑心情做事。
人本來就容易怠惰，對問題和危機總是視而不見，不拖到最後不肯處理。
明知該學習新的做法，卻捨難取易，選擇守舊。
人各有各的特質，性格和偏好也因人而異。
「為所欲為」是最輕鬆的事，馬基維利卻認為這是君主大忌。

人類總是憑天性做事，無法擺脫自己與生俱來的性格。此外還有一個原因——如果在某條路上嚐到甜頭，便不會想要改道而行。

因此，一個人若因太過謹慎，在需要果斷行動時躊躇不前，最後只會自取滅亡。相反的，若能配合時勢狀況改變心性，必能長保安泰。

（第二十五章）

「做自己」聽起來非常吸引人，因為這意味著你無須改變，也不用配合潮流調整自己的做法。

然而《君主論》告訴我們，即便「堅持自我」，你還是無法逃離命運的魔掌。

時代在變，世人眼中「值得稱讚的特質」也在變。

君主想要成就大業，有時必須捨棄自己天生的性格。

想要逢凶化吉嗎？想要當個永遠的贏家嗎？

你需要的不是「堅持自我」，而是「改變自我」。

卷末附錄

超譯 精簡版《君主論》

僅以此作獻給偉大的羅倫佐・麥地奇（Lorenzo de' Medici）殿下。

1. 各種君主國與征服方法

國家可分為兩種：君主國與共和國。

其中新君主國又可分為兩種，一是整塊全新的領地，二是原有的世襲領地加上新領地。

取得新領土的方法有四：「他國武力」、「自國武力」、「幸運」、「自我實力」。

2. 世襲君主國的優勢

世襲君主國比新得手的領地容易治理，只要延續上一代的統治方式，基本上就不會失敗。

除非有異常強大的勢力出現，否則不至於被謀朝篡位。

義大利的費拉拉公國（Ducato di Ferrara）就是個很好的例子。因為其王位代代相傳，才能夠抵禦威尼斯人和教宗儒略二世的侵略。

在地君主因少有理由凌虐、得罪百姓，較容易獲得人民的擁戴。再加上世襲王朝因歷史悠久，人民早已遺忘過去的革命事蹟，又或是當初發起革命的動機，所以世襲王位通常少有變故。

3. 混合型君主國

新君主國的人民都非常渴望改朝換代，因為他們相信下一位君主會更好。然而，這些人通常都是以失望收場。

君主在爭奪領地時，一定都會對人民造成傷害。

這時若無法好好安撫人民，之後一定會引發新的動亂。

要合併語言、風俗、制度相異的國家，本就是件困難的任務。最有效的方法，就是君主遷居新領地。

這麼一來，有任何風吹草動才能立刻察覺、即時應對。

人民會記小恨、報小仇，受到奇恥大辱反而會躊躇不前，不敢報復。

因此，要「害人」就放膽下手，千萬別手軟。

統治言語習慣相異的領地時，君主必須統一領土附近的弱小國家，對他們加以庇護。減弱強國勢力，並隨時保持警戒，不讓外力強權有機會趁虛而入。

簡單來說，就是幫助弱國，攻擊強國。

羅馬人以前就是利用這個方法，使弱國依附於己、強敵知難而退。

無論其他民族立了多大的功勞，都不給予他們過高的權力。

明君必須高瞻遠矚，不可短視近利。

羅馬人在這方面就做得非常好，他們總是深謀遠慮，以應不時之需。

4. 為何人民並未反叛亞歷山大大帝的繼承人？

既然統治新領土如此困難，那為何亞歷山大大帝征亞後英年早逝，其繼承人卻能穩坐江山呢？

原因其實很簡單，因為亞歷山大所擊敗的波斯國，權力只集中在一人身上，也就是只有一名執政者，其他全為公僕。

如果是像法國這種由一名君主與眾多封建諸侯所組成的國家，征服後將產生許多統治上的問題。因為諸侯會群起爭雄，每個都想當革新的領頭人。

以前羅馬帝國所征服的西班牙、法國和希臘等國，就因為諸侯問題導致一而再、再而三發生叛亂，花了好長一段時間才完全平息戰火。

5. 如何統治人民自治地區？

如果新領地的人民有一套自訂的法律，早已習慣自由的生活，君主又該怎麼辦呢？

這時君主有三個策略可以選擇——

①毀滅該地。

②君主親自遷居該地。

③允許人民依循舊法生活，但必須對你納貢，並在該地建立一個效忠於你的寡頭政權（譯註：權力集中在少數階級手上的政權）。

想要統治這類熱愛自由的領地，最簡單的方式就是利用當地的人民。羅馬人採取了第一種方式，也就是征服後毀滅該地。

如何讓已習慣被君主統治的人民順從新君主呢？很簡單，只要消滅舊主血脈，他們就會乖乖聽話。

但共和民主制的人民就比較「難搞」了，他們活力充沛，喜歡記仇，也比較有個性。

所以①和②才是比較保險的策略，也就是「毀滅該地」，又或是「君主親自遷居該地」。

6. 靠自己的能力或軍隊得手的新君主國

大多數人都在走別人的舊路，模仿前人的行為。

然而，最後通常都是事與願違，無法和目標人物一樣成功。

因為方法雖然一樣，能力卻有差。

不過，如果你夠聰明，就應該追尋比你厲害的人的足跡，以他們為榜樣。

箭靶擺遠一點，目標放高一點。

摩西、居魯士大帝、羅穆盧斯、鐵修斯，都是靠一己之力當上君主的強者。命運給了他們機會，他們則用實力將機會化為命運。機會與實力是雙重必要條件，若機會始終未曾降臨，他們將以懷才不遇之姿終老一生；若他們沒有超群絕倫的實力，再好的機會都是白搭。

這些人受到命運的庇佑，靠著機會展露頭角、發揮超群實力，最後為祖國帶來榮耀與繁榮。

征服新領土後必須推行新制、新法，然而，世上沒有比這更困難的事了。因為君主這麼做，等於是和所有受惠於舊制的人民為敵。

7. 靠他人軍隊或天賜幸運得手的新君主國

靠幸運成為君主的人，登基過程雖是不勞而獲，治理國家卻是難上加難。

即便在毫無阻撓的情況下順利登基，上位後也會立刻遇到各種困難。

「有能者的幫助」和「運氣」是非常不穩定的兩個因素。靠這兩者上位的新君將面臨三大危機，一是不知如何鞏固王位；二是不知如何命令臣民；三是沒有誓死效忠的軍隊。

因走運而成為君主的人，若無法在上位後立刻進入狀況，帝王之夢很快就會破碎。

在此介紹幾個靠實力與運氣上位的君主，相信這些例子，各位應該都還記憶猶新。

法蘭切斯科（Francesco I Sforza）就是靠著適當手段和超群實力，從一介平民躍升為米蘭公爵。過程中他經歷了重重困難，但取得地位後便一帆風順。

切薩雷・波吉亞因父親是教宗的關係，先是憑著幸運（血緣）取得領地，之後借助法軍的強大力量，成功擴張義大利領土。

然而五年後，他的父親去世之時，切薩雷也因病入膏肓，無法阻止敵手繼任教宗之位，導致最後的滅亡。

只能說，切薩雷憑著幸運取得地位，卻無法趁著幸運完成大業。

8. 以邪魔歪道取得王位者

要從無名小卒一躍成為堂堂君主，除了憑藉「幸運」與「實力」，還有兩個方法——

①靠邪惡、殘暴的手段。

②在平民夥伴的支持與幫助下，登上祖國王位。

西西里人阿加托克利斯原為身分卑賤的平民，後晉身為敘拉古之王。

他個性雖然殘暴，為人卻很有氣魄。入伍後便平步青雲，一路擢升為總司令。

他先是勾結國外軍隊奪取政權，再將外國勢力驅趕出境。

為什麼有些暴君能保全帝位，有些暴君卻不行呢？

因為前者手段高明，後者手段拙劣。

所謂「高明的殘暴」，是指為了保全自身而毫不猶豫採取暴行，並懂得適可而止，不以之為樂，殘暴過後，便為臣民爭取利益。

那麼，何謂「拙劣的殘暴」呢？起初小施暴行，後來變本加厲，不懂得拿捏分寸。

施暴必須「一鼓作氣」，才能減少人民苦水，降低恨意。

施恩則要「分次為之」，才能讓人民細細品味你的恩澤。

9. 公民型君主國

一個平民若想在其他平民的擁戴下成為君主，一定要夠睿智、夠狡詐，並懂得把握命運、順應時勢。

平民厭惡貴族對他們頤指氣使與剝削壓迫，貴族卻樂此不疲。當貴族發現自己無法與民眾抗衡時，就會刻意抬高某一貴族的聲譽，推舉他為新君。但這個人物只是個幌子，為的只是滿足各自的野心。民眾也是一樣，當他們發現自己無法與貴族抗衡時，就會擁戴某一平民。推他上位，依附在他的權勢之下。

不過，就這兩種情況而言，前者要比後者難以維持王位。因為擁戴貴族上位後，很多貴族會認為自己與君主是對等關係。在這樣的情況下，君主根本無法發號施令。

畢竟，貴族的願望必須靠壓榨他人才能完成，而民眾的願望只是能免於壓榨。

從共和制改為君主專制，其實是非常危險的。

如果你並非直接統治國家，而是透過官員指揮，可就要小心君權不保了！

試想，如果人民服從官員而非服從於你，當發生緊急狀況時，你覺得會有多少人站在你這一邊呢？

10. 如何衡量君主國的戰力？

君主國在遇到危機時，因應之道可分為兩種類型，一是靠自力保家衛國；二是向他國尋求協助。前者因擁有豐富的人力資源、雄厚的財力和武力，即便需要與侵略者短兵相接，也能夠自力解決危機；後者則無法直接交戰，只能守城迎敵。

如果一個國家的堡壘夠堅固、守備夠森嚴，想必敵軍也不敢輕易進攻，因為這等於是在自討苦吃。

當臣民與君主一同據守城內，而外敵在城外燒殺擄掠，時間愈久，臣民與君主之間的關係會變得更加緊密。為什麼呢？因為平民相信，自己為了保護君主而屋毀財盡，君主一定會將平民的犧牲與恩義銘記在心。

無論是施恩還是受德，「感恩」都是人的本性。

11. 教會君主國

最後我們來談談教會君主國。

教會君主國難在取得的過程。這類國家的背後都有古老的傳統制度在運作，因此，只要憑藉運氣或實力得手後，統治起來基本上都是得心應手。

教宗在教會君主國中獨霸一方，他們不需要防衛敵軍，也不需要治理臣民。對神所建立的國家品頭論足，那可是妄自尊大、傲慢不敬之行為。

相信一定有人感到奇怪，為什麼現在的羅馬教會的世俗權力如此強盛呢？

事實上，在教宗亞歷山大六世出現之前，各國根本不把羅馬教會的權勢當一回事。

當時義大利是由教宗國、威尼斯、那不勒斯王國等不只一個的勢力在維持平衡。直到亞歷山大六世和其子瓦倫提諾公爵（即切薩雷·波吉亞）借助法國國王的力量，才打破了義大利的平衡，之後教宗國甚至建立了自己的軍隊。

繼任教宗儒略二世也採取同樣的治國方針，繼續擴大教宗國勢力。他打壓了那些權勢足以牽制教宗權力的封建貴族，進而造就教宗國的繁盛。

12. 軍隊的種類和傭兵

君主保家衛國的軍隊可分為自家軍隊、傭兵、外國援軍和混合軍隊。

使用傭兵和外國援軍保家衛國，不僅對戰爭無濟於事，還非常危險。

你給傭兵的薪水，根本不足以讓他們為你賣命。太平時他們效忠於你，打仗時卻逃得比誰都快。如今義大利之所以沒落至此，就是因為多年來只顧安逸享樂，軍事全權交給傭兵的緣故。

身為君主，打仗時必須親率大軍出戰迎敵。共和國則必須派出自國公民，若有無法勝任者，應即刻撤換。

威尼斯公民在傭兵隊長的帶領下作戰，卻好幾次差點丟失領地。有一次，他們竟然在一夕之間，丟失了先人花費八百年才得手的國土。

不僅如此，傭兵將領為了減輕部隊的恐懼和辛勞，竟制定了一些等同「打假仗」的兵法。傭兵在戰場上只要如法炮製，就可以偷懶兼保命。然而這些傭兵的行為，卻使得義大利淪為屈辱之地。

13. 外國援軍、混合軍隊，和自家軍隊

另一種「沒用」的軍隊，就是「外國援軍」。

教宗儒略二世看到傭兵部隊如此不堪，便改向西班牙國王調度援軍。

援軍驍勇善戰，但無論戰果優劣，對你都是有害無益。

如果援軍輸了，你就玩完了；如果援軍贏了，你便會淪為他們的俘虜。

因此，如果你想吃敗仗，就盡量向外國調度援軍吧！

相較於傭兵，外國援軍要來得危險多了，和他們扯上關係只有死路一條。

為什麼呢？因為「援軍」誓死效忠的君主，根本不是你。

法王查理七世因意識到法國有必要組成自家軍隊，在國內推行騎兵和步兵兵制。

然而，他的兒子路易十一卻雇用瑞士傭兵，陷王國於危機之中。

於是法軍變得愈來愈弱，甚至覺得自己沒有瑞士傭兵就打不了勝仗。
如果路易十一沒有引進傭兵，繼續發展自家軍隊，法國肯定會屢戰屢勝。

14. 軍備與君主的職責

君主若重風雅而輕軍事，亡國只是遲早的事。
輕軍事會害你流亡滅國，精軍事則能助你贏得國家。

有軍隊的國家，怎麼可能甘心臣服於沒軍隊的國家呢？如果君主沒有自己的軍隊，周遭的大臣卻個個擁兵自重，君主怎能安然度日？一個不精於軍事的君主，又要如何獲得士兵的尊敬、臣民的信賴呢？

君主平時就應勤於軍事訓練，以備戰時之需。
軍事訓練可分為行動式和思考式。
所謂的「行動式」，是指編列組織軍隊，進行實際操練，君主自己也要經常外出狩獵，藉此讓身體習慣刻苦耐勞。

平時不貪圖安逸，致力學習如何應付逆境。

這麼一來，即便世事多變，你也早已做好迎戰命運的心理準備。

15. 毀譽褒貶

理想中和現實中的待人處事方式，可說是相差甚遠。

那些只顧理想不看現實的人，別說自立謀生了，最後只會自取滅亡。

身處充滿「惡意」的環境，卻一天到晚把「從善」掛在嘴邊的人，將來注定要一敗塗地。

因此，君主想要保護自己，就必須學習如何當一個「壞人」。

大家都喜歡「完美」，但沒有人是完美的。

君主必須小心可能害你失去地位的惡名。

至於其他批評，避不掉也無所謂，就隨它去吧。

如果承受惡名能讓你保住政權，受人批判又如何？

記住，有些美德會害你國破家亡，有些惡德則會助你自保稱王。

16. 大方與小氣

君主若為了博得「慷慨」之名，而奢侈闊綽、花光財產，會發生什麼事呢？

為了貪圖更多金錢，他只能向民眾課以重稅，搜刮民脂民膏。

最後招致民眾怨恨，成為一個國庫貧乏、令人唾棄的君主。

放眼現代，事業有所成就的都是「小氣鬼」，那些「大方的人」無不一敗塗地。

「小氣」是統治者保住權位的必行惡德。

教宗儒略二世因慷慨大方而廣受好評，甚至因此獲得權位。然而，他上位後為了打仗而變得錙銖必較，即便因此壞了名聲，仍堅行吝嗇之道。

對已登基的王者而言，「大方」也許是有害無益。但在爭取王位時，一定要向眾人強調你的「大方」。

凱薩（Julius Caesar）在圖謀羅馬帝位時，就曾刻意展現自己的慷慨與闊綽。

要注意的是，如果是戰爭中所取得的戰利品，又或是擄掠到的財物，可以大方分給士兵沒關係。

因為這麼做能讓你的名譽不降反升。而且，利用他人的財物提升自己的名譽，何樂而不為？

相反的，如果你揮霍的是自己的財產，最後只會自討苦吃。

17. 冷酷與仁慈

很多君主都以為「溫和仁慈」比「冷酷殘暴」更能夠擄獲民心。

但其實，濫用仁慈是最要不得的事情。

切薩雷．波吉亞的所作所為，看似殘忍，但事實上，他統一了羅馬涅（Romagna），並為該地重建秩序與和平，使人民效忠於他。

和翡冷翠的人民比起來，切薩雷要來得仁慈多了。因為前者為了不想背上「冷酷殘暴」的罪名，竟對皮斯托亞（Pistoia）的滅亡見死不救。

只要能夠團結民心，讓人民效忠於你，背上「暴君」的名號又算得了什麼？

你想當令人畏懼的君主，還是受人愛戴的君主？如果只能選一個，前者要比後者安全多了。因為人類總是忘恩負義、見異思遷、假仁假義、好逸惡勞、貪得無厭。

一個令你害怕的人，跟一個對你疼愛有加的人——人面臨危機時，一定會毫不猶豫地選擇傷害後者。

因為，既然河都過了，拆橋又有什麼難的？然而，如果面對的是令人畏懼的君主，在害怕被處刑的顧慮下，一定會有所顧忌。

人民對君主愛戴與否，是由人民自己決定；然而，人民對君主畏懼與否，則取決於君主。一個明君必須自己創造命運，而非活在他人的決定之中。與其受人愛戴，倒不如令人畏懼！但要注意的是，令人畏懼並非招人怨恨，招人怨恨是大忌。

18. 君主的守信之道

在世人眼中，一個言而有信、光明正大的君主才是「好君主」。

然而放眼當代，能成大業的，都是不重信義、令人捉摸不透的狡詐君主，言出必行的君主，反而處於下風。

世上有兩種取勝的方法，一是靠法律，二是靠武力。

前者是人類之道，後者是野獸之法。

然而，只靠前者是不夠的，還必須借助後者的力量。

君主想要保住地位，一定要巧妙結合人類與野獸的方法。

野獸方面，君主應效法狐狸與獅子。

獅子無法避開策略陷阱，而狐狸又無法抵禦豺狼。

因此，我們必須當一隻狐狸以避開暗算，當一頭獅子以威嚇豺狼。

那些一味耍「獅威」的蠢蛋，顯然不懂得這個道理。

有時候，我們必須違反信義、拋棄仁慈，才能夠安邦定國。

換句話說，就是掌握命運風向，看清世事，當個「百變君主」。

19. 避免遭人輕視仇恨

君主最忌諱遭人輕視仇恨。

只要能避免這一點，基本上都能盡到君主的本分，即便做出其他寡廉鮮恥的行為，也不會身陷險境。

哪些行為會導致君主遭人輕視呢？像是見異思遷、輕浮草率、婦人之仁、膽小怕事、優柔寡斷等。

相對的，君主應努力培養偉大英勇、成熟穩重、認真耿直等特質。

「不招致眾人怨恨」是防止叛亂的最佳對策。

為什麼呢？因為這對叛亂者有懸崖勒馬的作用。叛亂者都一廂情願地認為殺死君主可以滿足人民，如果今天殺死一個君主可能會引發眾怒，他們就會因害怕而遲遲不敢下手。

不把貴族逼入絕境，滿足民心，讓百姓安居樂業——這是君主為政最重要的法則，請務必隨時銘記於心。

古羅馬皇帝有三道難題——「貴族的野心」、「人民的自傲」和「士兵的貪婪」。皇帝必須在這三者間取得平衡，才能穩坐王位。

人民喜歡溫和不好戰的君主，士兵喜歡好戰貪婪的君主。剛登基的皇帝因為根基未穩，一般都是遷就士兵居多。

有些個性謙和、厭惡殘酷的君主，甚至因無法滿足士兵的期望而遭人暗殺。一位皇帝心善，在位十四年間從未處決任何人，卻因此遭到軍隊輕視，認為他是個婦人之仁、聽母親意見執政的人，最後遭軍隊叛亂虐殺。

許多皇帝因「民怨」和「輕蔑」而垮台。是仁慈、還是殘暴，不是重點，仁君、暴君都有成功的例子可循。是否遭人怨恨鄙視，才是政權能否維持延續的主要原因。

20. 論堡壘的效用

到目前為止，還沒有哪位君主剛上位，就要求領民解除武裝的。相反的，如果當地沒有軍備，新君還會自行組織軍隊，讓當地人民成為自己的武力後盾。

過去有些君主為了統治領地，還會故意在當地引發內部糾紛。然而，今時不同往日，這個方法現在已經不管用了，一旦外國軍隊入侵，該策略就會瞬間破功。

這個方法只會讓君主自暴其短，一旦出現緊急事態，失敗只是必然的結果。

君主唯有突破重重困難、殲滅反對勢力，才能成為偉大的王者。

命運女神之所以在新君主身邊樹立敵人，是為了苦其心志，給予新君主鍛鍊的機會，讓他們藉由敵人的梯子愈爬愈高，進而成為獨霸一方的大人物。

比起外國勢力，如果君主更害怕自家國民，就應該建蓋堡壘。相反的，比起自家國民，如果君主更害怕外國勢力，就應該放棄築城。最堅固、最實在的堡壘，就是「不為民所恨」。

建議各位可以參考以上幾點，再決定要不要建蓋堡壘。但是，有堡壘不代表你就無敵了。如果你對自己的堡壘太有信心，進而不顧人民感受、招致人民怨恨，那可就太愚蠢了！

21. 如何當一個有人望的君主？

要成為「眾望所歸」的君主，必須成就大業（戰爭），靠自力克服困難，取得勝利，向臣民展現你的實力。

貝爾納博公爵對於市民的異常行為，總會提出驚人的獎懲之令。他之所以這麼做，是為了博取名聲，讓民眾認為他是個非凡的大人物。

假設今天有兩個強者打了起來。無論如何，結果都會是一勝一敗。這時如果我們選了自以為安全的做法——不明確表態，不支持任何一方。最後不是被贏家併吞，就是被輸家拿來當出氣筒。因此，正確的做法是一定要「選邊站」。

身為君主，一定要親自激勵有能者，重用有實力的人，又或是獎賞有一技之長的人。

你必須給予人民勇氣，讓無論是商人、農人，所有人民都能夠安居樂業、各司其職。

具體而言，就是讓他們明白君主不會強取豪奪，所以賺錢不必瞻前顧後；君主不會苛課重稅，所以可以毫無顧忌地行商。

你可以舉辦活動、慶典，讓人民歡度時光。

你也可以會見商業工會或地方組織，一方面在他們面前展現君主的熱情和大度，一方面保有君主應有的霸氣與威嚴。

22. 三種頭腦＆如何選擇秘書官？

一個君主是聰明還是愚鈍，看他身邊的人就知道。

因此，對君主而言，「選任秘書官」是非常重要的工作。

人的頭腦可分為三種類型：

①自力思考型

②能激發他人才幹，並自行判斷是非善惡型

③無法自力思考、也無法激發他人才幹型

這三種類型中，①最優秀；②也不錯；③最糟糕。

想要讓秘書官對你誓死效忠，必須讓他名利雙收，令他對你感恩戴德，甚至照顧他的家人。

給予無以復加的榮耀，讓他別無所求；委以超出職責的重任，讓他害怕變數改革。這麼一來，定能打造互相信任的君臣關係。

23. **如何避開阿諛奉承的小人？**

君主身邊一定都有「馬屁精」。

是人都有私心，只要利用這一點，小人要誘騙君主上當簡直是易如反掌。

為了避免這樣的情形，君主必須讓臣民知道，君主絕對不會懲罰「據實以告」的人。然而如果這麼做，又會使得君主威嚴盡失。

聰明的君主會選擇第三個方法——選拔任用幾位賢士，特別賜予他們說真話的權利。此外，這些人只能「被動回答」君主的提問。

君主只聽取這些賢士的意見，自行做出決定。而一旦做出決定，就必須堅持到底。

若不這麼做，最後只會有兩種下場——被奸臣陷害而喪權，又或是因優柔寡斷而飽受世人批評。

是君主之智創造精闢建言，而非精闢建言創造君主之智（簡單來說，就是君主一定要自己動腦思考）。

24. 義大利君主失去領土的原因

人類一旦覺得現在自己過得很好，就會陷入安於現狀、別無所求的狀態。

相較於歷史悠久的世襲帝王家族，實力堅強的君主更能獲得人民愛戴。

觀察現代那些亡國的義大利君主，你會發現他們有兩個共通缺點——

①軍事方面有弱點。

②與民眾為敵，又或是不知如何防範貴族。

這些義大利諸侯長年稱王，最後國家卻被人一朝奪去——這怎麼能怪命運呢？只能怪他們自己失職。

無法居安思危，是人類共通的弱點。

那些亡國君主身處太平之時，誰也沒想到天有不測風雲。

千萬不要倒地裝死，也別期待有人會來救你。

那基本上不會發生，即便真的有人出手相救，也改變不了什麼。

唯有自己保護自己，才是最實在、最持久的方法。

25.

凡人如何對抗命運？

這個世界是由命運和上帝主導，人類無法予以改變——大多數人都是這麼想的，這一點我當然知道。

但是，無論如何，人類還是要保有自由意志。在我看來，命運只能主宰我們一半的行動，另一半則由我們自行掌控。

即便運河急流湍湍，我們依然可以築堰堤來減少災害。命運也是如此，你愈是逆來順受，命運愈是來勢洶洶。

假設有兩個準備周全的人，一個如願達成目標，另一個卻以失敗作結。那麼原因就出在前者的做法合乎時代潮流，後者則否。

我想，很少人睿智到每次都能即時應付各種狀況。

原因有二：第一，人都有天性，我們很難擺脫這些與生俱來的特質；第二，一旦你在某條路上嚐到甜頭，就很難與之割捨。

與其畏首畏尾，倒不如果斷前行。有時太過冷靜並非好事，命運之神是一名女性，你想要征服她，就必須擊潰她、撞倒她。

唯有這麼做，才能讓命運對你言聽計從。

要比喻的話，命運就像是跟年輕人交好的女性。因年輕人思慮不夠周全，個性又衝動，所以才能無所畏懼地支配女性。

26. 如何收復義大利國土？

很多人都以為切薩雷．波吉亞會是義大利的救世主，然而，最終他卻輸給了命運。此時此刻，苟延殘喘的義大利仍在等待救世主的降臨。

義大利在等的就是你。上帝之所以不成就一切，就是不想剝奪人類的自由意志，不願占據屬於我們的榮耀。

義大利人才思敏捷，智勇雙全。

義大利軍隊之所以一敗塗地，是因為他們各自為政，不願服從別人。而之所以不願服從，是因為義大利尚未出現令人心服口服的君主。

想要從列強手中收復國土，我們需要一支有紀律的軍隊。首先你必須組織自家軍隊，召集令人信賴的優秀士兵。

所有人都對外敵的統治嗤之以鼻。既然如此，那些威名赫赫的王公貴族更要負起光復的責任，為正義而奮起戰鬥。

當你舉起旗幟，義大利人民必將英勇跟隨，奪回原本屬於我們的和平。

結語

改變世界的大作——《君主論》

代代相傳的《君主論》

《君主論》是尼可洛．馬基維利於隱居期間完成的作品。

這本書寫於一五一三年，一五三二年問世，至今已有將近五百年的歷史。

馬基維利生前《君主論》已有抄本，他於一五二七年逝世，也就是說，這本書在他去世五年後才正式出版。之後馬基維利的聲勢如日中天，就連和法國爭霸的西班牙國王查理五世（Charles V）、之後的幾位法國國王、歐洲宰相都對《君主論》愛不釋手，直到今日仍被全世界各地的領袖奉為聖經。

一四五三年，鄂圖曼帝國消滅東羅馬帝國，導致義大利的商業城市失去東西方的交易重鎮，商業繁榮大受打擊。十五世紀末是地理大發現的開端，隨著哥倫布發現美洲新大陸、西班牙人柯爾特斯征服阿茲特克帝國，歐洲人跨越了大西洋，開始在世界推行殖民制度。就在這個時間點，《君主論》問世了。之後歐洲人陸續征服南美、美洲大陸的原住民。這個新時代的開端和《君主論》的出版有什麼關係呢？

觀察侵略戰爭和後續的殖民統治，你會發現，《君主論》的內容（像是分治政策等）在很多情況下幾乎都完全適用。因此我在這裡大膽推測，《君主論》的出版，對這段歷史發展有相當程度的影響。

馬基維利鞠躬盡瘁的一生

除了鼎鼎大名的《君主論》，馬基維利還留下了不少著作，像是《論戰爭藝術》、《論李維》（*Discorsi sopra la prima deca di Tito Livio*），以及奉麥地奇家族之命所寫的《佛羅倫斯史》（*Istorie fiorentine*）。

因為《君主論》實在太有名了，一般都認為馬基維利推崇的是獨裁政治。但其實，他在《論李維》中對共和制的分析精闢，祖國又是翡冷翠共和國，因此有人認為，馬基維利理想中的政體應該是共和制。

本書為何會將《君主論》歸類為「學惡行善」的書籍呢？因為這本書一方面推崇君主獨裁，另一方面又將統治者的手段「公諸於世」，讓市民有機會獨立自主。

《君主論》在知名當權者之間流傳開來後，社會大眾也開始對這本書產生興趣。難道馬基維利寫這本書的真正目的，是想讓那些信奉共和制的知識份子了解獨裁的「秘辛」？還是其實是我想太多了？

《馬基維利之論戰爭藝術》（日本原書房出版）的譯者，在該書的解說文中寫到——

「根據維拉里（Pasquale Villari，知名馬基維利研究者）的說法，在馬基維利的《論李維》中，已可看到《君主論》與《論戰爭藝術》的胎動。而確立低等層級的自由是作者一貫的政治要求。」

這裡的低等層級是指工人或農民。從這一點我們可以發現馬基維利的另一面，他追求的是一個普通公民也能享有自由的政體。說不定他之所以寫《君主論》，就是為了推廣共和制，藉由這本書給那些無法如願以償的共和制信徒一記當頭棒喝。

就連現代經營者、領袖都愛不釋手的《君主論》

許多現代經營者、領袖都將《君主論》奉為聖經。

舉個有名的例子，奉信企業（S. T. Corporation）的鈴木喬董事長就曾說過《君主論》是他的愛書。國外方面，自二〇一三年連續擔任十年英格蘭銀行（Bank of England）總裁的默文．金（Mervyn King）也是《君主論》的粉絲。相信世界各地都有這本書的「信徒」。

《君主論》熱潮已延燒了五百年，尤其受到上位者、領導者的歡迎，這在人類歷史上是相當罕見的例子。

事實上，《君主論》中所闡述的統治原理和政治力學，對現代社會仍有許多適用之處。

難道說，因為有了《君主論》這本書，才造就了現在的社會？這是否代表《君主論》中說的都是真理？

領袖必須時時追求實際利益、提升成效，也因為這個原因，《君主論》才能成為領袖界歷久不敗的教科書。

時代變了，世界卻沒有變：仍有統治者與被統治者

「歷史是我等行為的引導者。

對領袖而言，歷史更是他們的老師。

人類總是思考一樣的事情、抱持相同的願望。即便社會結構改變，統治者、被統治者依舊存在；有些人對他人的統治樂在其中，有些人則是心不甘情不願。這一點自古至今未曾變過。」

（摘自《馬基維利語錄》一書）

隨著科技的進步，我們的生活和中世紀可說是天差地別。

然而事實上，人類最原始的欲望、習性態度，卻是千古不變。

正如馬基維利所說，直到今日，社會上仍有統治者和被統治者。

我想這本書的讀者，一定都屬於「不想被人統治」的那一群吧。

不過，根據馬基維利的說法，還是有些人對「被統治」這件事甘之如飴。

讀懂《君主論》，你將獲得取回自由的力量。

只要成為君主，你就能擺脫他人的操控。

想要和命運對抗嗎？想要掌控自己的人生嗎？你需要這麼做！

本書的《君主論》原文，皆引用自日本中公文庫出版的《新譯　君主論》。該譯本最淺顯易懂，遣詞用字也較貼近現代，不拖泥帶水。

麥地奇家族引發內亂後，索德瑞尼（Piero Soderini）失勢，馬基維利也遭到罷黜，之後才開始寫《君主論》。

《新譯　君主論》中，描寫了馬基維利在山莊裡的隱居生活。

「一早下床，我便到森林去監督樵夫工作，偶爾到泉水邊閱讀但丁和佩脫拉克（Francesco Petrarca）的詩。午後就和村民到小酒館熱絡地聊天、賭博，玩到甚至忘了時間。（中略）不過，每當太陽下山，我就

會進入完全不同的生活模式，換上當政時的官服，在書齋中正襟危坐，花上四個小時研究古代經典，與古代作家進行心靈交流。」

馬基維利晚年重新受到麥地奇家族的重用，然而，當時翡冷翠地區的政局已混亂到無可收拾的地步。兩年後，西班牙國王查理五世洗劫了羅馬，導致翡冷翠發起推翻麥地奇家族的運動，麥地奇政權正式垮台。之後翡冷翠恢復馬基維利夢寐以求的共和制，他卻因此而再次失業。

馬基維利最後抑鬱去世，當時義大利被法國、西班牙等列強夾擊，還得面對教宗等勢力所造成的政局動盪。

他的人生困難重重，充滿了驚濤駭浪。然而，馬基維利從不輕易向命運低頭，憑著堅忍不拔的毅力與之對抗。《君主論》裡所提到的「命運女神」，簡直就是參考他的自身經驗所寫成。

在馬基維利那個時代，國家之間政變不斷、爭戰連連。因翡冷翠是個小國，要做出適當決策更是困難，馬基維利的一生也隨著不斷變動的政權載浮載沉。

《君主論》是他參考古羅馬的歷史事蹟、對照自己的時代和自身經驗，進而彙整出的政治理論和統治原理。這本書在他死後成為全世界領袖的範本，裡頭的理論成為上位者用來提升地位、實現理想的武器。

你對未來感到迷惘嗎？你正站在命運的岔路口嗎？相信這位歷經千錘百鍊的先知，一定能給予你莫大的勇氣，以及繼續前進的力量。

鈴木博毅

好想法 12

超譯《君主論》領導學

在生活中遇見馬基維利，讓你洞悉人心，成為職場、人生的贏家

最強のリーダー育成書 君主論

作　　者：鈴木博毅
譯　　者：劉愛夌
編　　輯：陳慧淑
校　　對：陳慧淑、楊如萍
封面設計：走路花工作室
美術設計：邱介惠
寶鼎行銷顧問：劉邦寧

發 行 人：洪祺祥
副總經理：洪偉傑
總 編 輯：林慧美
法律顧問：建大法律事務所
財務顧問：高威會計師事務所
出　　版：日月文化出版股份有限公司
製　　作：寶鼎出版
地　　址：台北市信義路三段151號8樓
電　　話：（02）2708-5509　　傳真：（02）2708-6157
客服信箱：service@heliopolis.com.tw
網　　址：www.heliopolis.com.tw
郵撥帳號：19716071 日月文化出版股份有限公司

總 經 銷：聯合發行股份有限公司
電　　話：（02）2917-8022　　傳真：（02）2915-7212
製版印刷：中原造像股份有限公司
初　　版：2017年6月
定　　價：320元
I S B N：978-986-248-643-6

SAIKYO NO LEADER IKUSEISHO KUNSHURON

First published in Japan in 2015 by KADOKAWA CORPORATION, Tokyo.
Complex Chinese translation rights arranged with KADOKAWA CORPORATION, Tokyo through BARDON-CHINESE MEDIA AGENCY.

國家圖書館出版品預行編目(CIP)資料

超譯《君主論》領導學：在生活中遇見馬基維利,讓你洞悉人心,成為職場、人生的贏家 / 鈴木博毅著；劉愛夌譯. -- 初版. -- 臺北市：日月文化, 2017.06
272面；14.7×21公分. --（好想法；12）
譯自：最強のリーダー育成書「君主論」
ISBN 978-986-248-643-6(平裝)
1. 馬基維利(Machiavelli, Niccolo, 1469-1527) 2.政治思想 3. 君主政治

571.4　　106005546

好想法 相信知識的力量

the power of knowledge

寶鼎出版

好想法 相信知識的力量

the power of knowledge

寶鼎出版